Informazioni legali

© 2023
Autore ed editore: M.Eng. Johannes Wild
A94689H39927F
E-mail: 3dtech@gmx.de

L'impronta completa del libro si trova nelle ultime pagine!

Questo lavoro è protetto da copyright

Prefazione

Grazie mille per aver scelto questo libro!

Ciao! Ti piacerebbe approfondire le tue conoscenze e abilità di progettazione CAD con Fusion 360 di Autodesk? Allora sei venuto nel posto giusto! In questo corso pratico, imparerai nuovi approcci e nuove caratteristiche in Fusion 360 lavorando su 10 progetti di design da semplici a moderatamente difficili. Segui questo corso se hai già una conoscenza da principiante di Fusion 360 e/o hai già seguito il corso per principianti su di esso. In caso contrario, dai prima un'occhiata al corso per principianti: *"Fusion 360 | passo dopo passo"*. Sono un ingegnere e vorrei presentarti il fantastico programma Fusion 360 in modo semplice e facile da capire. A proposito, puoi usare Fusion 360 come utente privato con una licenza hobbistica GRATIS!

Ecco il link per il download:

https://www.autodesk.de/products/fusion-360/free-trial

Questo corso dettagliato e orientato alla pratica è rivolto specificamente agli studenti (moderatamente) avanzati e mostra in dettaglio e passo dopo passo come riescono anche le costruzioni CAD più complesse. In questo corso troverai 10 grandi oggetti 3D che potrai ricostruire passo dopo passo. Ottieni subito la tua copia del corso e inizia a migliorare le tue competenze in Fusion 360 oggi stesso!

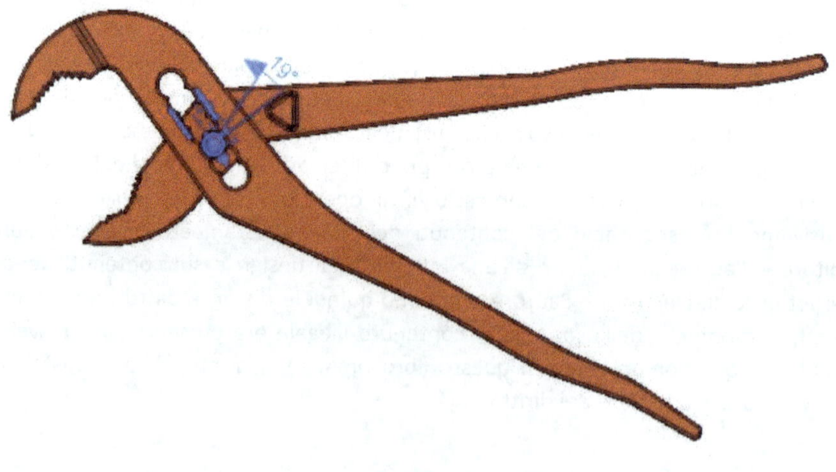

Tabella dei contenuti

1 Introduzione: Ambito del corso e software

1.1 Cosa aspettarsi e cosa imparerai in questo corso

Ciao e benvenuto al corso avanzato di Fusion 360 | Parte 1!
Grazie per aver scelto questo corso!

In questo corso troverai 10 grandi progetti di design di facile e media difficoltà che puoi ricreare passo dopo passo in Fusion 360 di Autodesk e in questo modo migliorare le tue abilità CAD. Questo corso è il più pratico possibile. Come utente avanzato, non hai bisogno di una grande introduzione al programma, ma sicuramente vorrai iniziare subito. Ecco perché, dopo una breve nota su come scaricare il programma, iniziamo subito con il primo progetto di design.

Come sai, Fusion 360 di Autodesk non solo ti permette di progettare, ma anche di simulare, renderizzare, animare e altro in un'unica piattaforma. Questo corso è specifico solo per la progettazione CAD avanzata. Troverai corsi separati per ciascuna delle altre aree man mano che progredisci. Quindi l'obiettivo principale di questo corso è la progettazione avanzata con Fusion 360!

In questo corso, rivolto specificamente agli utenti (moderatamente) avanzati, imparerai come sfruttare al massimo Fusion 360 per progettare grandi oggetti 3D. In questo corso tratteremo progetti facili come una vite a brugola, un cacciavite, un vaso di fiori e progetti medi come un cuscinetto a sfera, un telecomando e una chiave a tubo. Ma questo era solo un piccolo esempio, ci sono altri grandi progetti che ti aspettano. Ogni oggetto 3D sarà ricreato passo dopo passo e uno per uno in questo corso per darti una facile introduzione al materiale e per diventare più familiare con più caratteristiche di Fusion 360 con ogni progetto.

Se non hai nessuna conoscenza da principiante o non hai mai lavorato con Fusion 360 prima, dovresti assolutamente seguire il corso per principianti: *"Fusion 360 | passo dopo passo"*. Questo ti dà un'introduzione semplice e facile da capire al programma. Se hai già completato questo corso, sei ben preparato per i prossimi progetti di design!

In poche parole, questo corso ti insegnerà in dettaglio:

- Per approfondire le caratteristiche di base di Fusion 360 in uso e la conoscenza dei principianti.
- Conosci le nuove caratteristiche 2D e 3D
- Progettare in modo orientato alla pratica usando progetti di esempio
- Nuovi approcci nella progettazione

- Creare parti e assemblaggi individuali
- **Attuare progetti di design facili:**
- *Molla a spirale,*
- *Vite ad esagono cavo,*
- *Attrezzatura,*
- *Vaso da fiori,*
- *Cacciavite a taglio,*
- *Chiave inglese.*
- **Realizza progetti di design moderatamente difficili:**
- *Cuscinetto a sfera,*
- *Annaffiatoio,*
- *Controllo remoto,*
- *Chiave a tubo.*

E' meglio seguire l'ordine indicato nel corso, dato che le lezioni di questo corso si basano in qualche modo l'una sull'altra. Assicurati di completare prima il corrispondente corso per principianti, poiché le basi non sono menzionate in questo corso per il momento. Qua e là, tuttavia, li incontreremo di tanto in tanto nel corso e in questo modo contribuiranno intuitivamente ad approfondire le conoscenze costruttive già esistenti. Dopo un breve capitolo sul download del programma e sui programmi alternativi, inizieremo subito con il primo progetto!

1.2 Fusion 360 e download del programma

Fusion 360 di Autodesk offre un'interfaccia utente chiara e semplice ed è anche disponibile gratuitamente per gli utenti privati come una cosiddetta licenza personale! Anche se questa versione ha una gamma di funzioni un po' limitata, è perfettamente adeguata per utenti privati e hobbisti. Per tutti gli utenti che vogliono utilizzare Fusion 360 commercialmente, c'è una versione completa disponibile a pagamento, attualmente a partire da 60 euro al mese. Dopo aver creato un account utente con Autodesk, puoi decidere su una delle due versioni dopo aver confrontato la gamma di funzioni. Ma come detto prima, se sei un utente privato o per hobby, puoi sicuramente scegliere la versione gratuita! Anche se dovrai ridurre la "Generative Design" e la "Simulation", perché avrai bisogno di una licenza a pagamento per utilizzare queste due funzioni, spesso non sono necessarie per gli utenti hobbisti e privati. Come utente domestico, tuttavia, puoi semplicemente iniziare con la versione gratuita e aggiornarla in seguito se necessario. Puoi scaricare Fusion 360 direttamente online dopo aver creato un account utente.

La struttura delle caratteristiche del disegno è relativamente identica in tutti i comuni programmi CAD utilizzati da ingegneri e tecnici nel loro lavoro quotidiano. Di solito si utilizzano altre licenze di programmi CAD **professionali** come "SolidWorks", "CATIA",

"Solid Edge" o "AutoCAD" e "Autodesk Inventor", che costano da una a diverse migliaia di euro e quindi di solito valgono solo per utenti professionali e lavoratori autonomi. Qui, comunque, puoi almeno ottenere spesso una versione di prova per 30 giorni o anche di più. Come studente, hai anche la possibilità di ottenere una licenza studentesca gratuita per la maggior parte dei programmi CAD per la durata dei tuoi studi.

E ora si parte! Nella prima sezione, approfondiremo la nostra conoscenza della progettazione CAD e l'uso di Fusion 360 per mezzo di semplici progetti di design. Inizieremo con un progetto molto semplice, la creazione di una molla a spirale. Ma non preoccuparti, il livello di difficoltà aumenta con ogni progetto, quindi dovrebbe esserci qualcosa per tutti! Andiamo!

Sezione I: Progetti di design facili

2 Progetto 1: molla a spirale

Ora stiamo già iniziando il primo progetto di costruzione! Per riscaldarci, creiamo una molla a spirale, che già a prima vista sembra un po' più complicata.

Tuttavia, dato che c'è una funzione extra per questo in Fusion 360, questo sarà un gioco da ragazzi. La funzione si chiama "Coil" e si trova nel menu "Create".

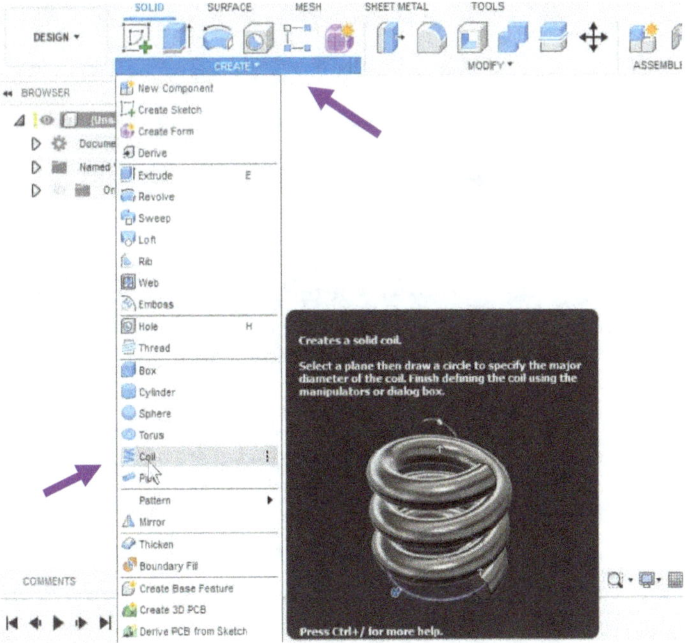

Per creare una molla elicoidale, dobbiamo prima selezionare un piano e disegnarne il diametro. Per esempio, selezioniamo il piano x-y e impostiamo il diametro a 10 mm.

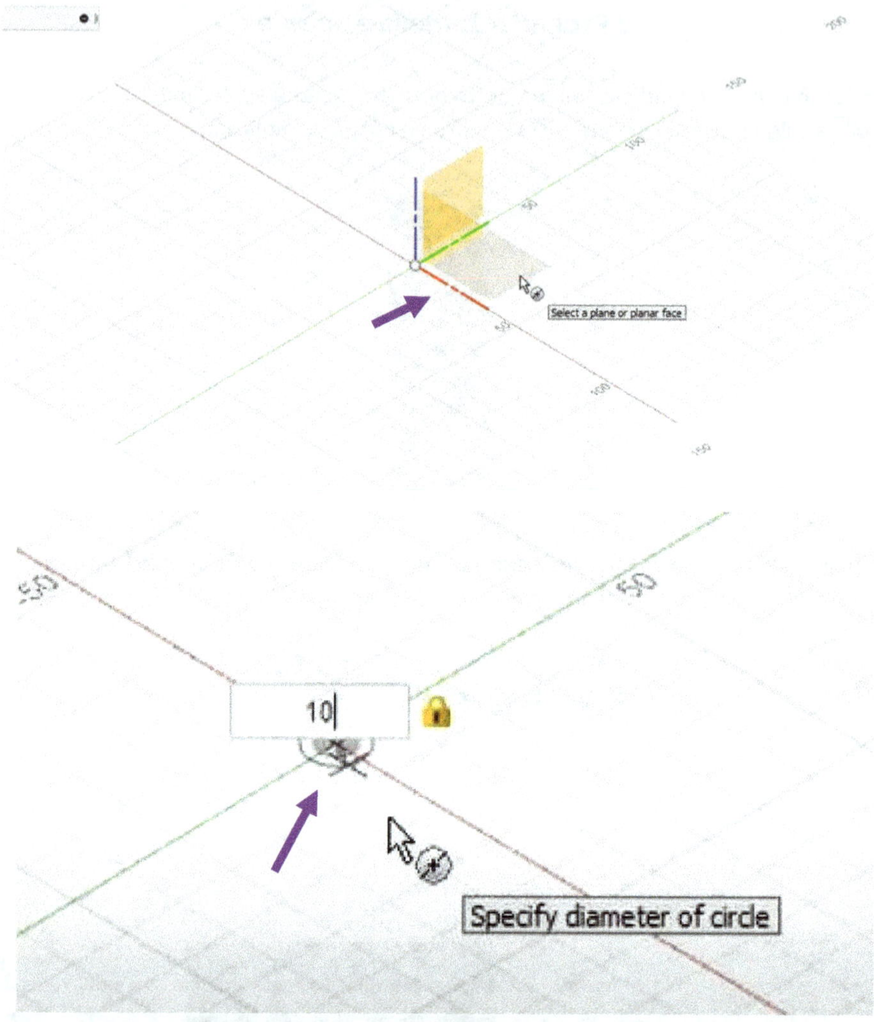

Allora il programma crea già una molla elicoidale. Possiamo poi fare le impostazioni per l'altezza, le curve e altro. Per esempio, potremmo scegliere 40 mm come altezza.

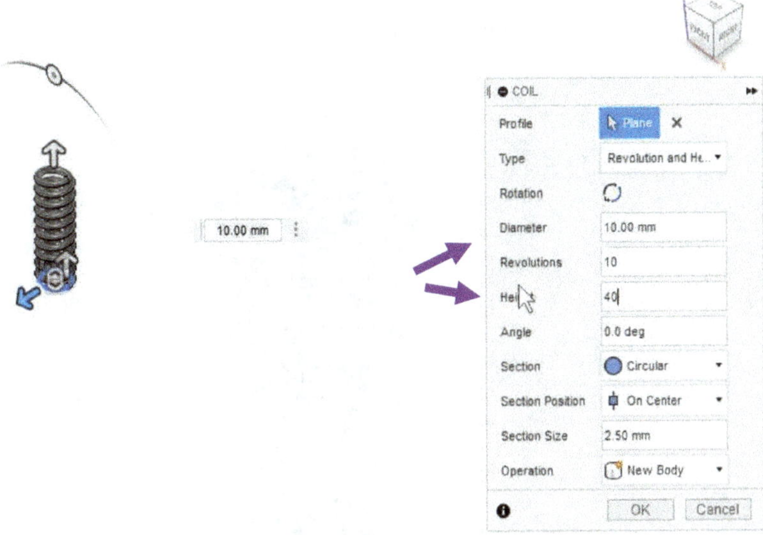

E poi anche la piuma è già finita. Come ho detto, questo progetto era davvero molto semplice e serviva solo come riscaldamento. Non preoccuparti, il livello di difficoltà aumenta con ogni progetto. Ci sono ancora molti progetti grandiosi e in parte complessi che ti aspettano! Come il seguente progetto, costruiremo una vite ad esagono cavo con tutti i dettagli.

3 Progetto 2: Vite ad esagono cavo

In questo secondo progetto di design vogliamo aumentare leggermente il livello di difficoltà e progettare una vite ad esagono cavo M8 x 30 con lunghezza della filettatura completa. Possiamo trovare le dimensioni per questo su Internet o in un libro di tabelle di ingegneria meccanica o in un catalogo di parti standard. Possiamo costruire questa vite in due modi. Da un lato con l'aiuto di una o più estrusioni, dall'altro con l'aiuto della funzione "Revolve" come parte tornita. Useremo quest'ultimo metodo perché è più veloce. Per fare questo, abbiamo prima bisogno di una metà della sezione trasversale della vite. Puoi immaginare di tagliare la vite nel mezzo. Abbiamo bisogno di disegnare una metà del profilo, che può essere vista. Per fare questo, creiamo uno schizzo sul piano x-z e disegniamo una linea orizzontale lunga 4 mm e una linea verticale lunga 30 mm collegata ad essa.

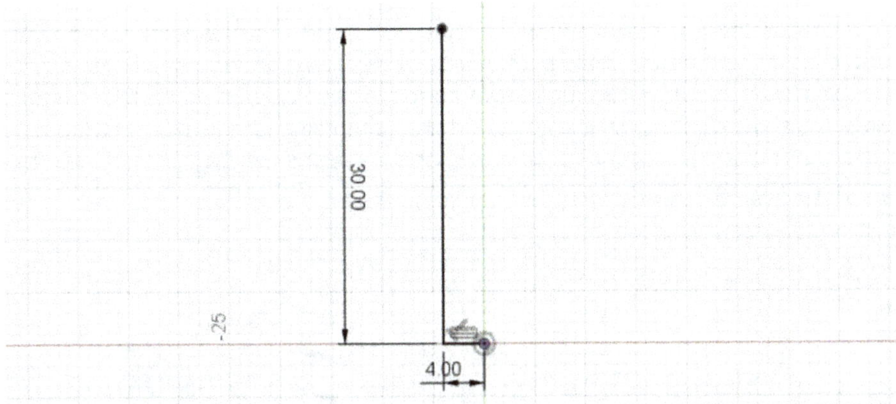

Questo è l'albero della vite. Per la testa abbiamo bisogno di una linea orizzontale di 2,5 mm, una linea verticale di 8 mm e un'altra linea orizzontale di 6,5 mm. Infine, colleghiamo il punto superiore al punto inferiore con una linea verticale in modo che il profilo sia completamente chiuso.

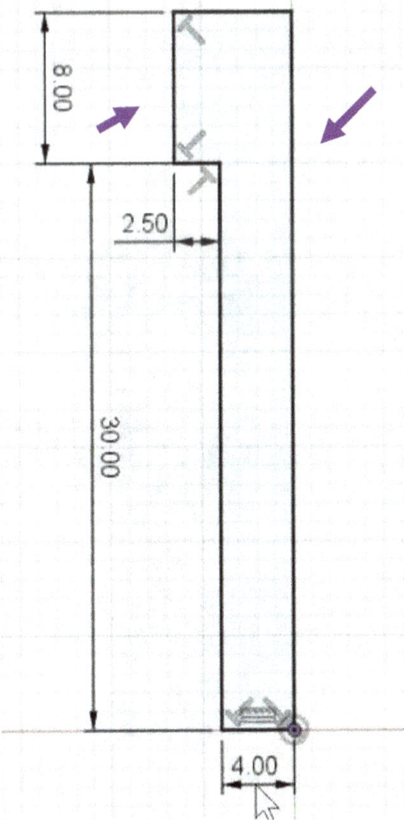

Come puoi vedere dal colore nero, anche il profilo è completamente definito. Per favore presta sempre attenzione anche a questo. Questo profilo è ora la metà della sezione trasversale della vite. Dopo aver finito lo schizzo, possiamo ruotare il profilo intorno ad un asse in modalità 3D. Per farlo, selezioniamo il profilo e la funzione "Revolve". Poi dobbiamo selezionare un asse attorno al quale vogliamo ruotare. Nel nostro caso questo è l'asse z blu.

Il corpo base della vite è ora creato.

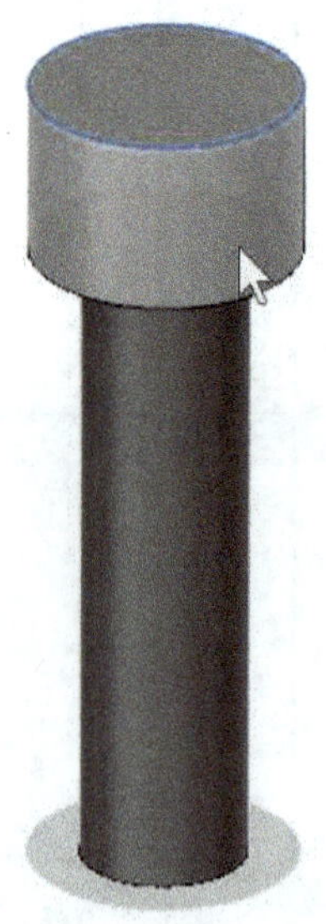

Prima di creare il filo, aggiungiamo prima i filetti e gli smussi come segue: arrotondiamo i bordi della testa con 0,5 mm ciascuno utilizzando la funzione "Filett".

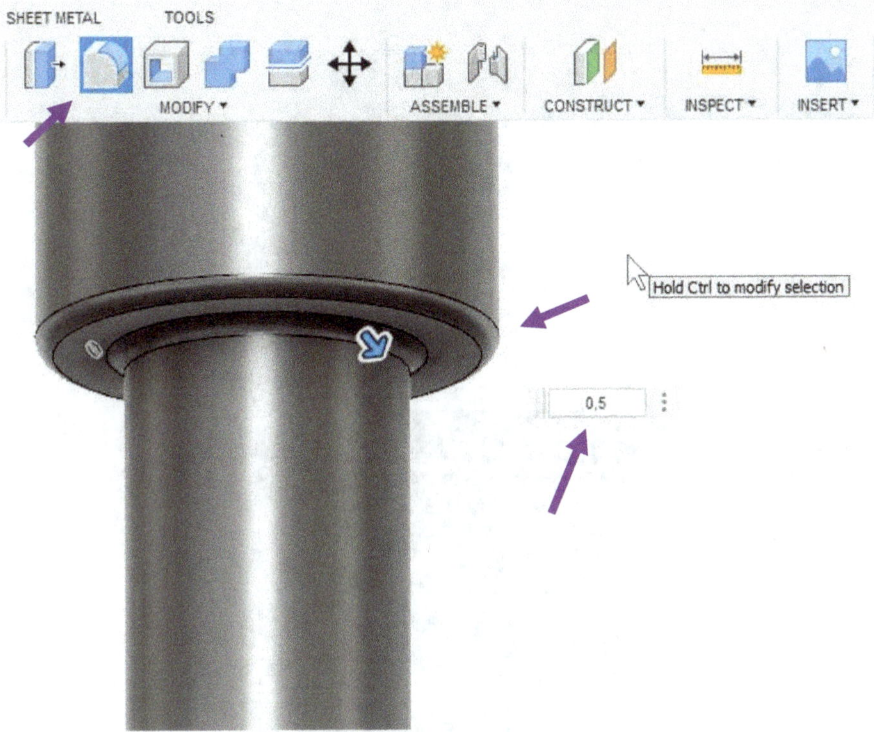

Per il bordo più basso creiamo uno smusso di 1 mm con "Chamfer".

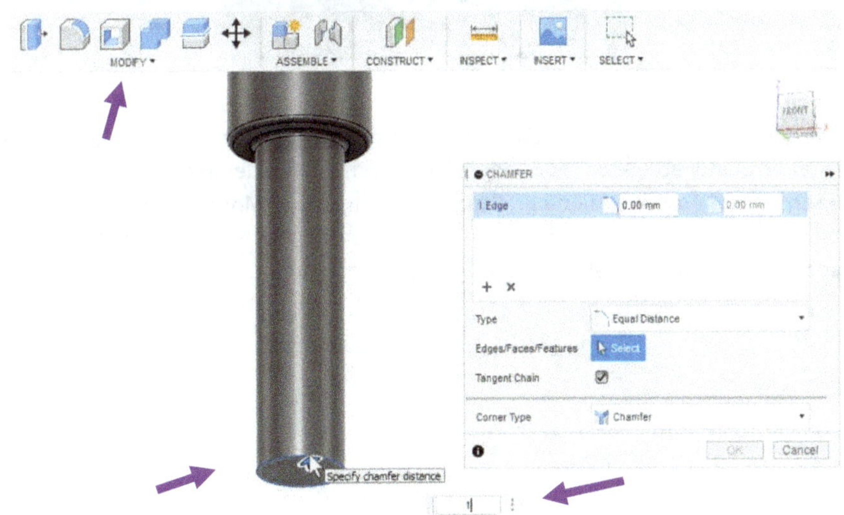

Nel prossimo passo ci dedichiamo al thread, che possiamo creare con la funzione "Thread" nel menu "Create".

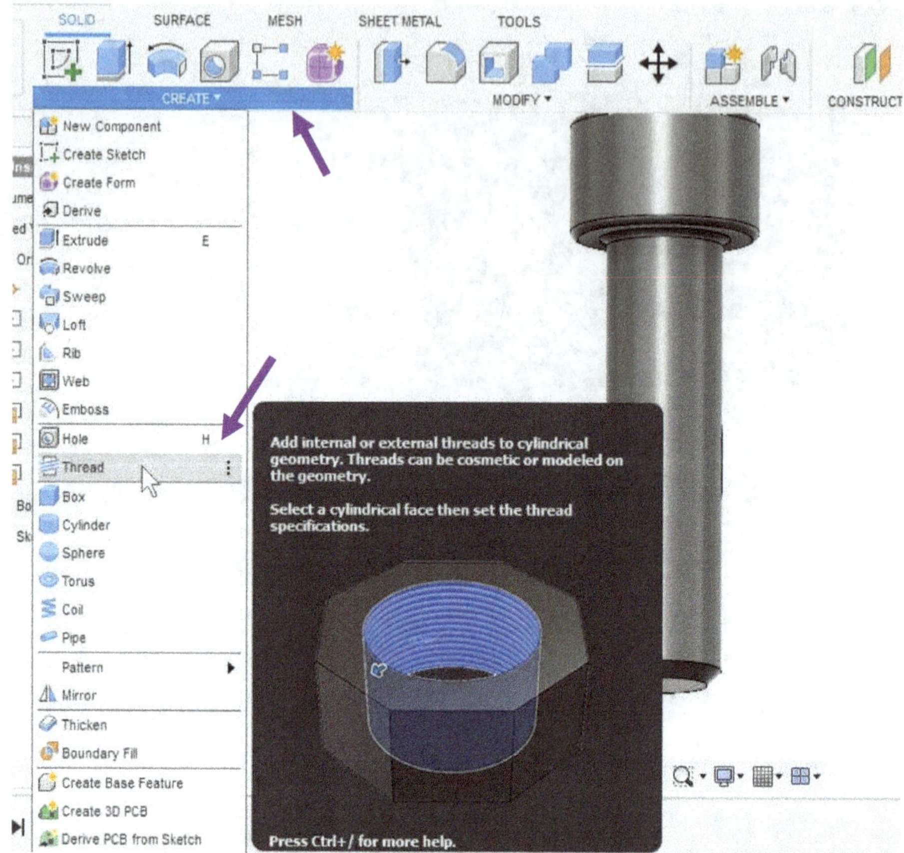

Seleziona semplicemente la funzione, seleziona una superficie, in questo caso l'albero, e imposta i parametri della filettatura nelle impostazioni. Vogliamo un filo su tutta la lunghezza, quindi attiviamo "Full Length", così come un modello reale del filo invece di una semplice rappresentazione grafica, quindi attiviamo "Modeled". Deve essere una vite M8, la dimensione appropriata è già impostata: M8 x 1.25. Assicurati che sia impostato un profilo di filettatura isometrico. Eccellente!

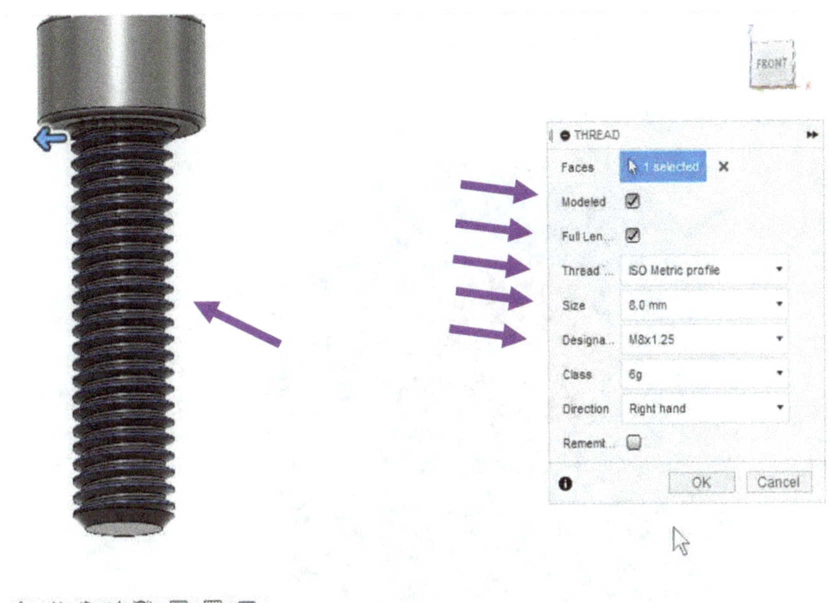

Quasi finito! Ora abbiamo ancora bisogno del profilo dell'esagono cavo per tenere l'utensile. Per fare questo, prima creiamo un foro sulla superficie superiore della testa della vite con la funzione "Hole". Dovrebbe essere un semplice foro, senza un filo. Il foro dovrebbe essere profondo 4 mm e avere un diametro di 6 mm.

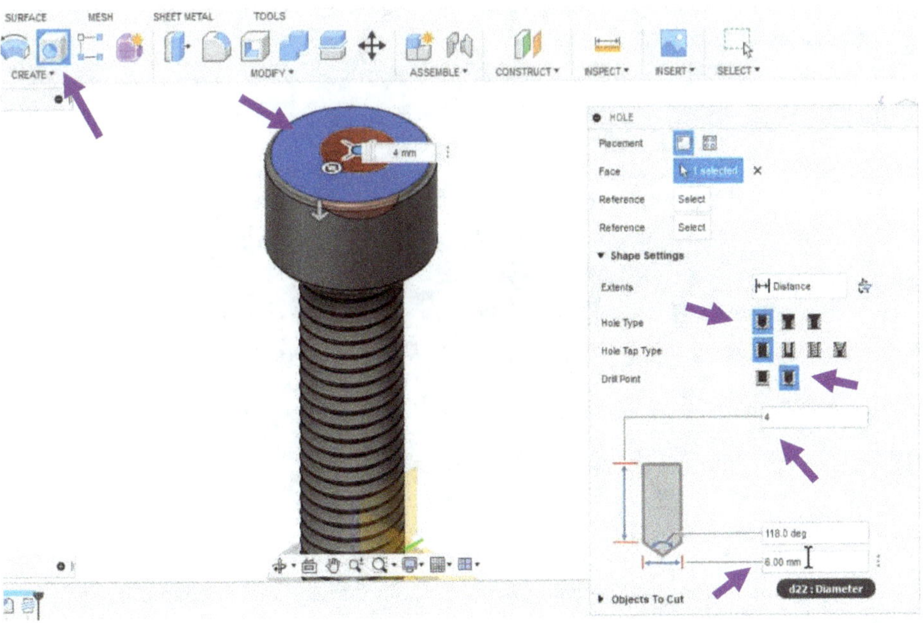

Infine, determiniamo la posizione trascinando il centro del foro con il mouse al centro della testa della vite.

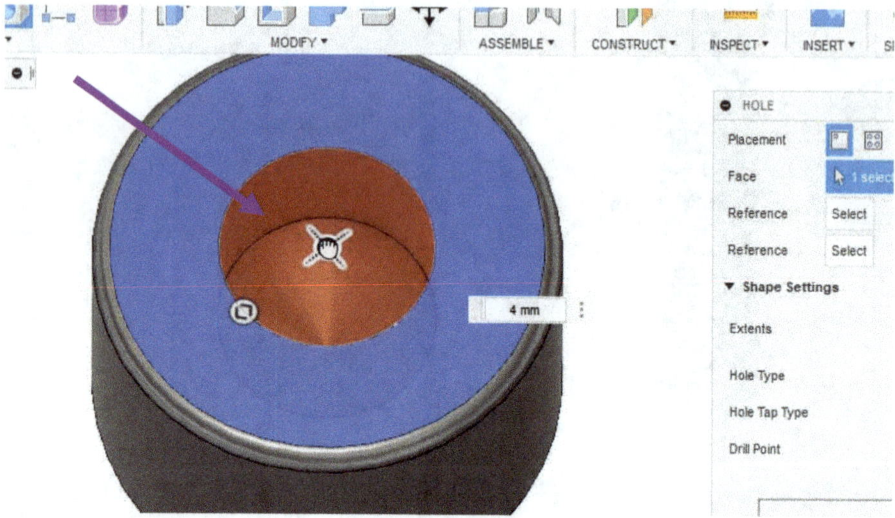

Nel prossimo passo creiamo il profilo della presa esagonale. Per fare questo, disegniamo un poligono sulla superficie superiore della testa della vite, che si trova nel menu "Create". Abbiamo bisogno di un "inscribed polygon".

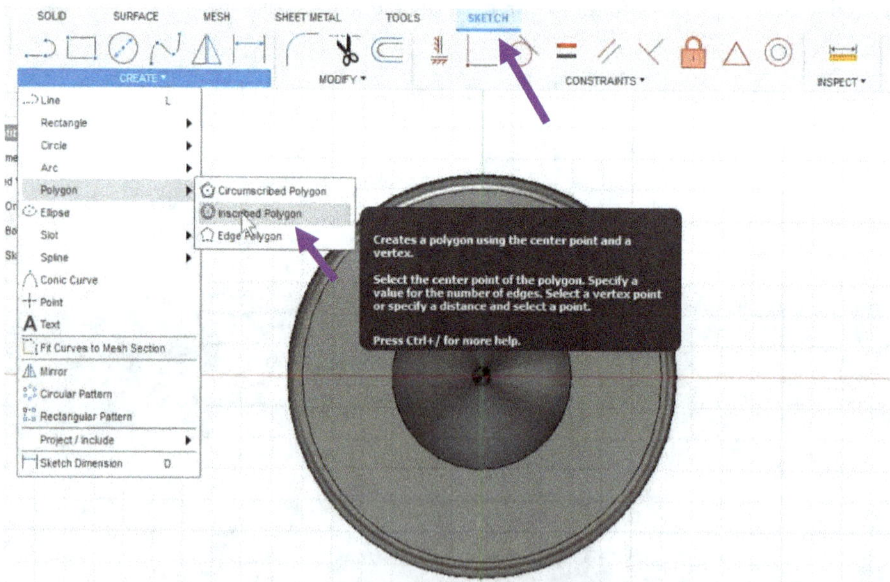

Disegna semplicemente il cerchio e aggiungi una dimensione. Abbiamo bisogno di 6 mm tra i bordi del poligono.

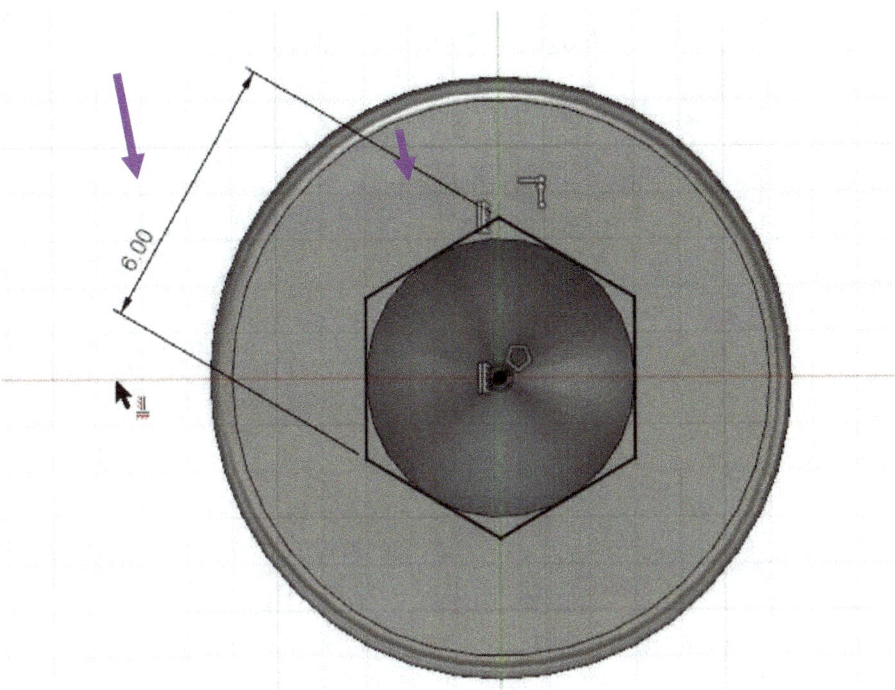

Per definire completamente il profilo, impostiamo il punto d'angolo superiore in relazione verticale con l'origine. Ora possiamo chiudere lo schizzo. Poi selezioniamo la funzione "Estrusion" e le sezioni rimanenti del profilo esagonale e le estrudiamo con -4 mm.

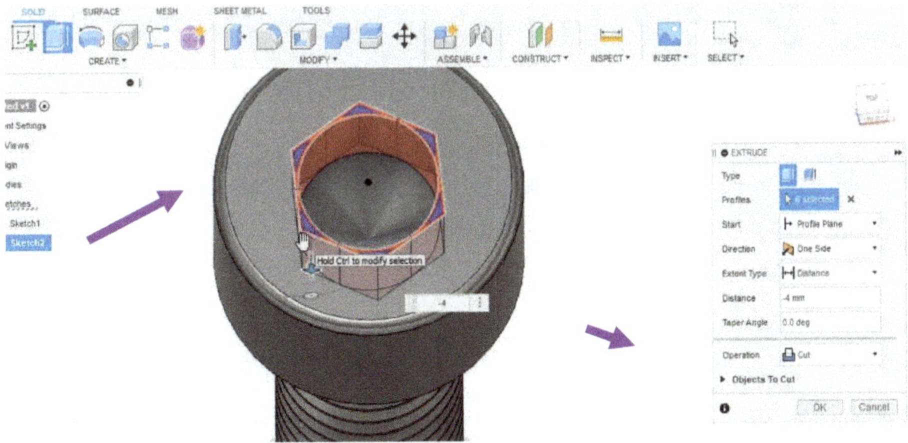

Il programma poi passa automaticamente all'impostazione "Cut" e taglia via il materiale. La vite ad esagono cavo è finita.

4 Progetto 3: Ruota dentata

Il nostro prossimo progetto è quello di progettare una ruota dentata, che potrebbe essere parte di una macchina più complessa, per esempio. Per la ruota dentata procediamo come segue: Creiamo il corpo base per la ruota dentata, includendo già i denti e il supporto nel mezzo, completamente in un solo schizzo per lavorare nel modo più efficiente possibile. Per fare questo, facciamo uno schizzo sul piano x-y per guardare il componente dall'alto. Per il corpo base, abbiamo bisogno innanzitutto di un cerchio da 50 mm.

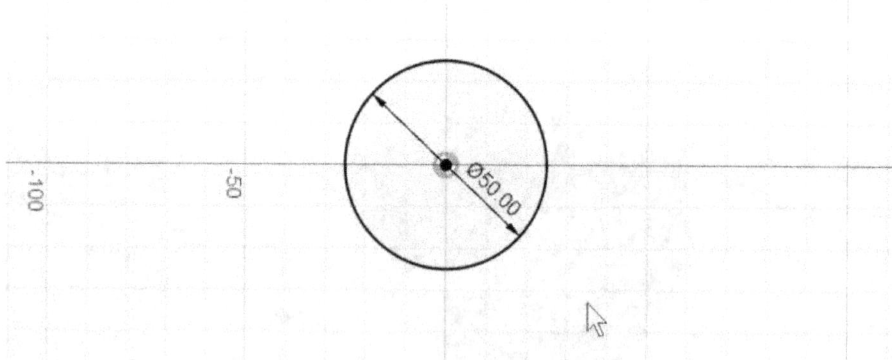

Ritaglieremo poi i denti della ruota dentata da questo corpo base. Per fare questo, disegniamo il primo dente nella zona superiore. Prima disegniamo solo una metà del dente e poi la specchiamo. Per questo abbiamo bisogno di una linea orizzontale di 1 mm.

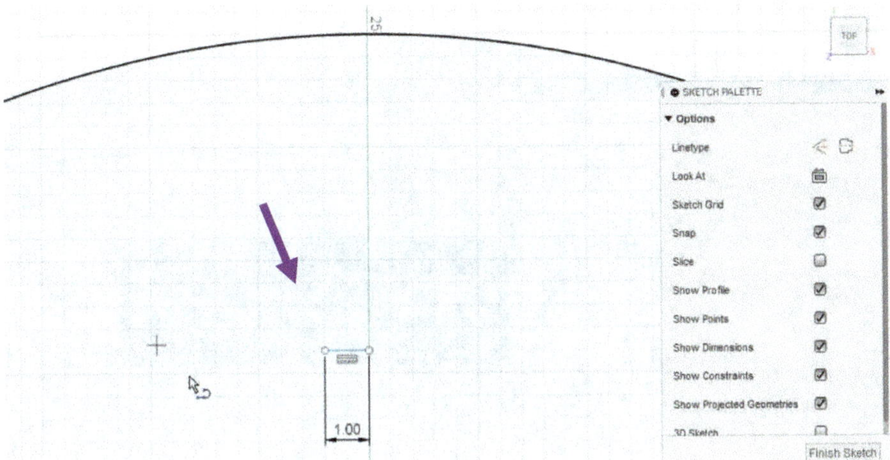

Poi segue una seconda linea inclinata.

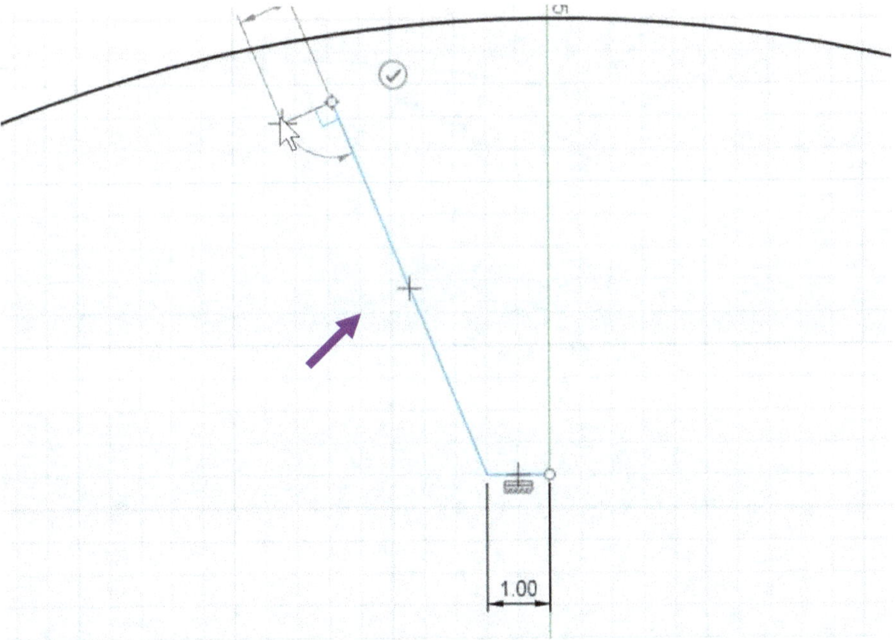

Nell'area superiore aggiungiamo poi un arco tangente i cui punti iniziali e finali dovrebbero trovarsi sul cerchio da un lato e sul punto finale della linea obliqua dall'altro.

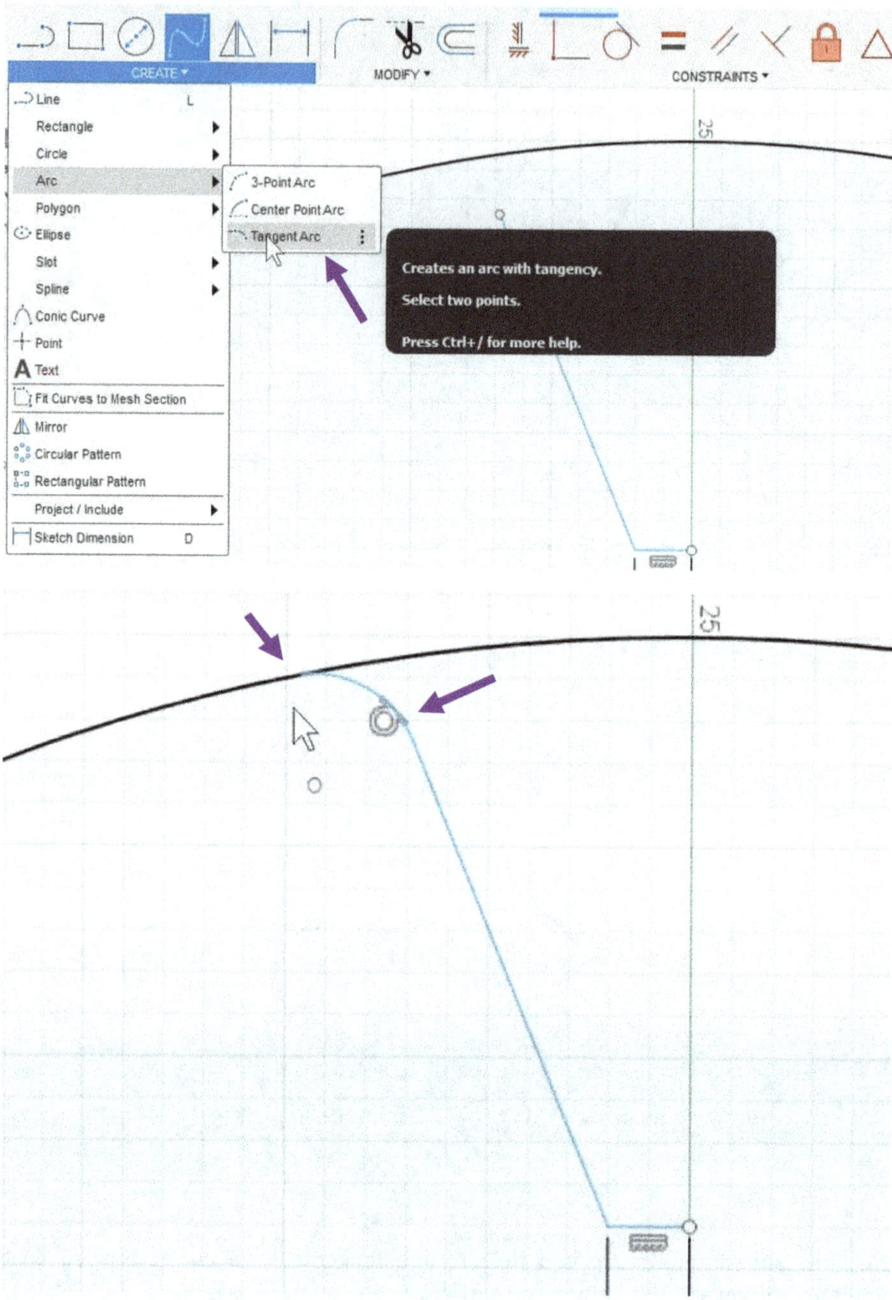

Abbiamo poi dimensionato la distanza in direzione verticale tra il punto d'angolo dell'arco tangente e il punto di partenza della prima linea con 3 mm.

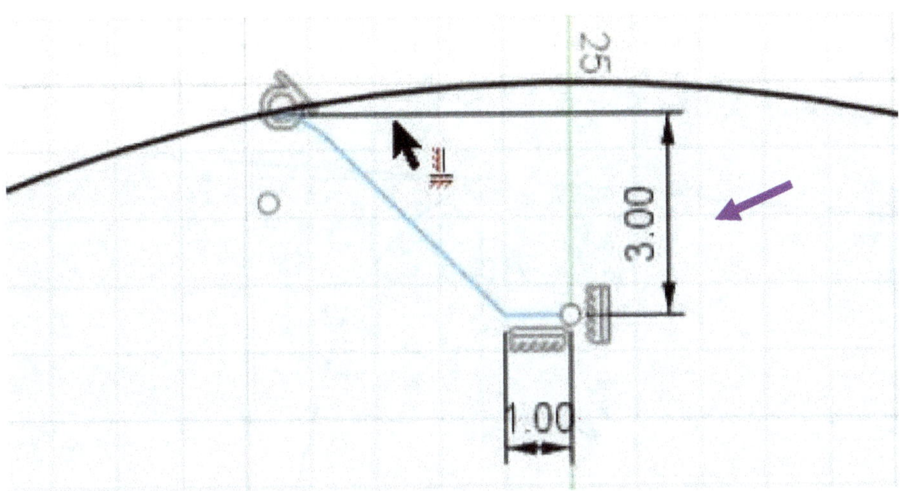

Poi colleghiamo il punto di partenza della prima linea disegnata verticalmente con l'origine e dimensioniamo in direzione orizzontale una distanza di 2 mm tra il punto d'angolo dell'arco tangente e il punto di partenza della prima linea.

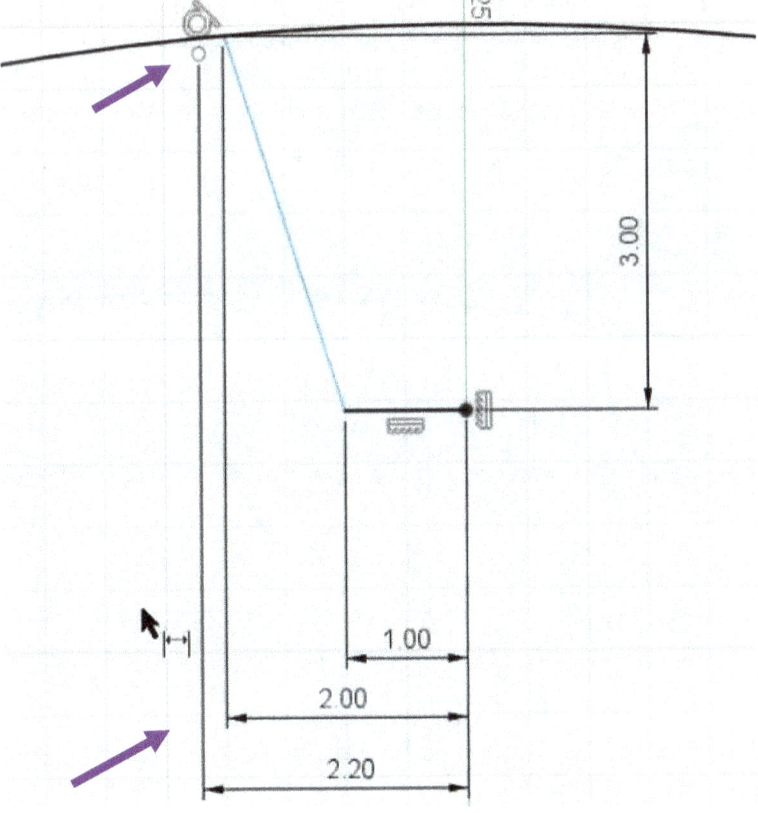

Inoltre, abbiamo dimensionato il centro dell'arco tangente, che attualmente si trova nella zona sinistra, con 2,2 mm alla linea centrale. Infine, definiamo il raggio dell'arco tangente come 0,5 mm.

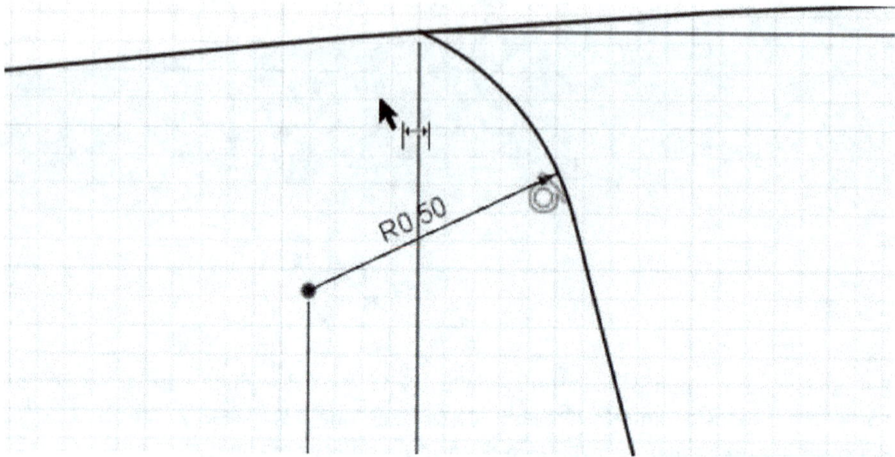

Ora il profilo è completamente definito e può essere rispecchiato. Prima, però, integriamo un arrotondamento nell'area in basso a sinistra. Per fare questo, usiamo la funzione "Fillet" già nell'area 2D e inseriamo un raggio di 0,5 mm.

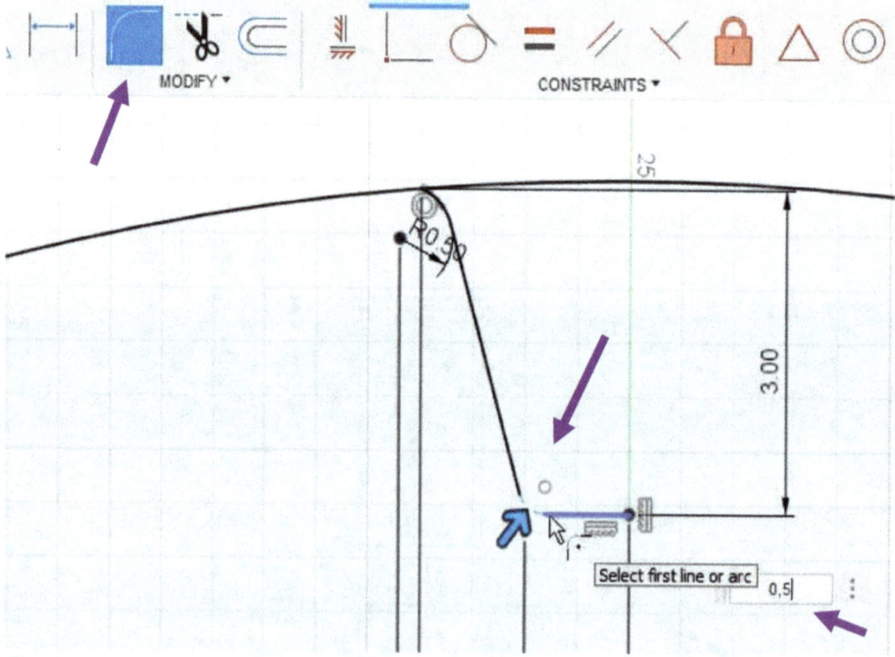

Per capire: avremmo potuto disegnare il dente dell'ingranaggio senza filetti e poi filettarlo in modalità 3D. Tuttavia, dato che abbiamo bisogno di molti di questi denti, ci risparmieremo un sacco di lavoro creando l'arco tangente e il raccordo in questo primo passo. Per specchiare il profilo ora, abbiamo ancora bisogno di un asse speculare, che creiamo da una linea che trasformiamo in una geometria di costruzione con un clic destro.

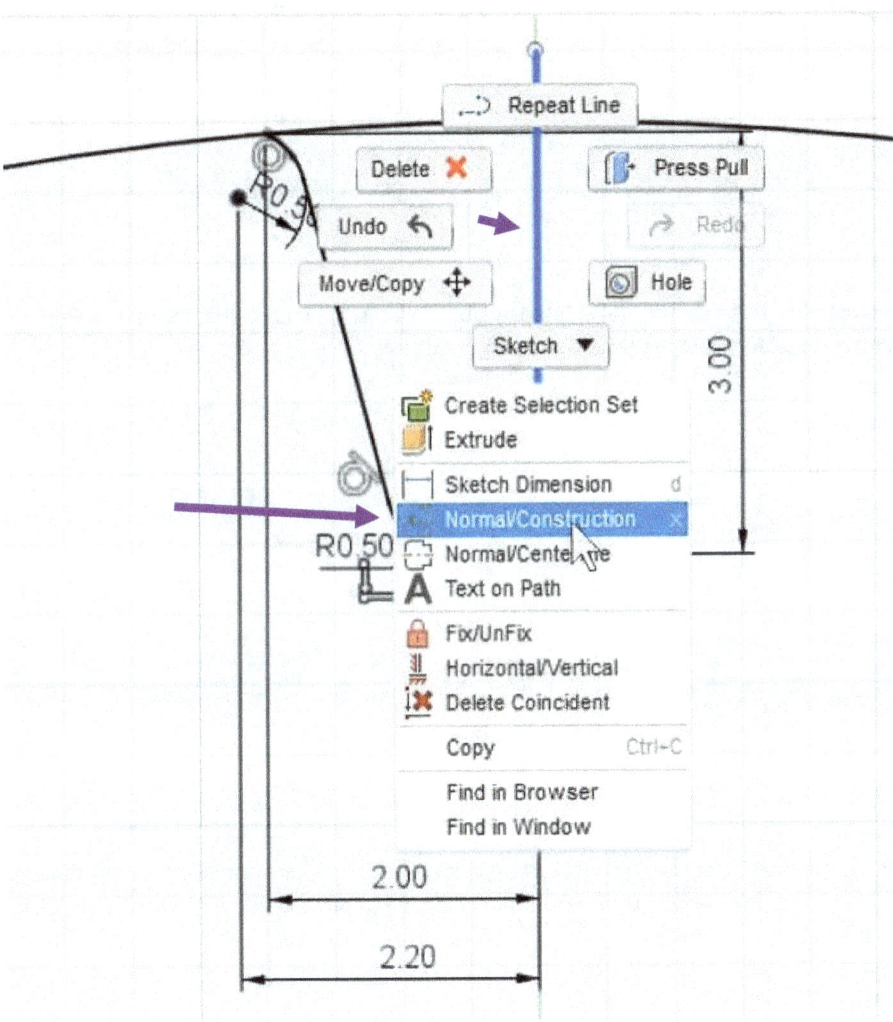

Poi selezioniamo la funzione "Mirror" dalla sezione "Create" e prima selezioniamo gli oggetti da specchiare.

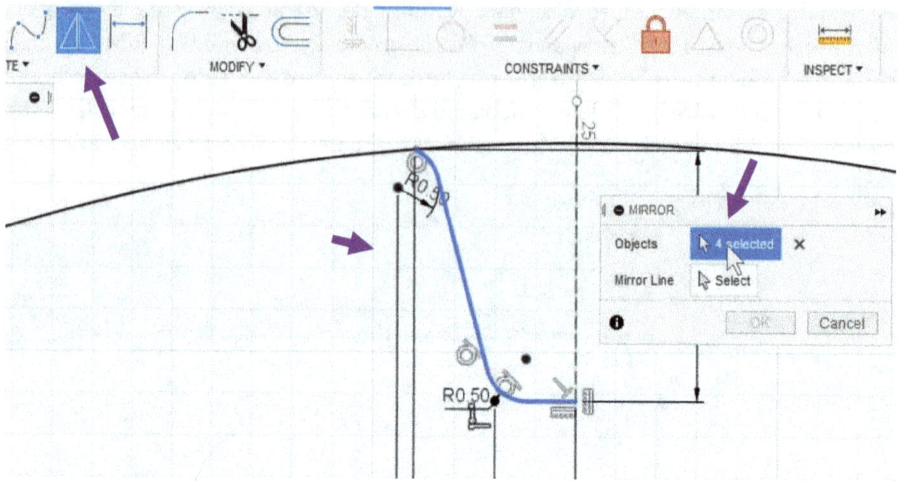

Poi cambia la selezione nelle impostazioni in asse speculare e seleziona la linea di costruzione verticale. Il primo dente è pronto.

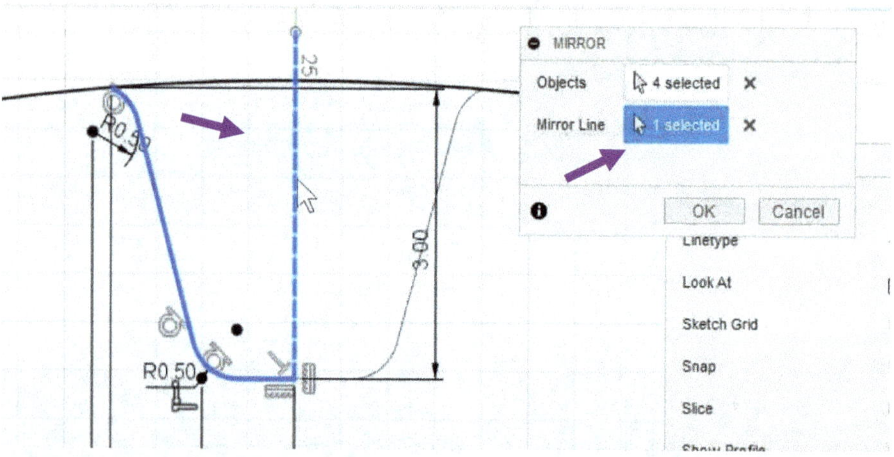

Per non dover disegnare più di 20 denti in più, usiamo la funzione "Pattern" o "Circular Pattern", che ci permette di creare un modello circolare o copie in una disposizione circolare.

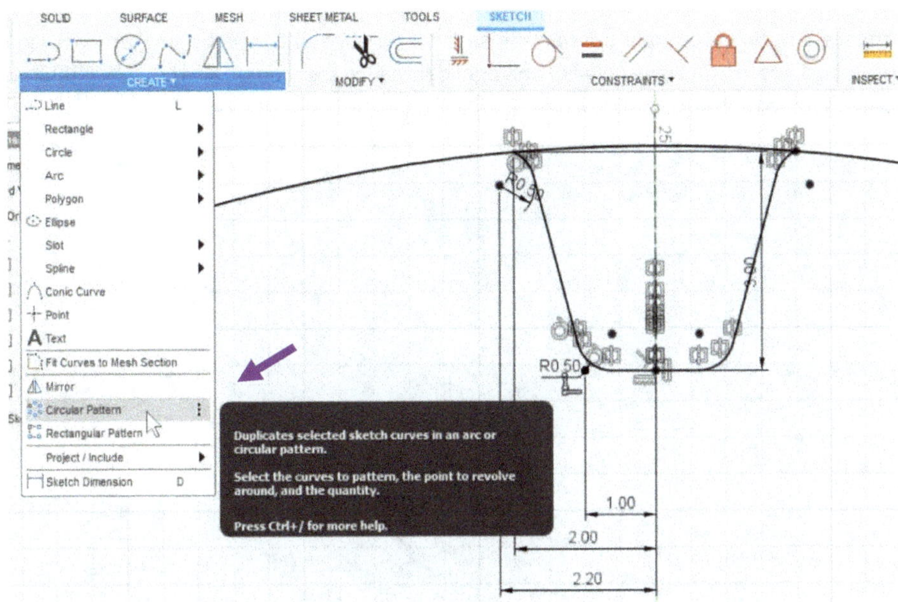

Per farlo, seleziona prima tutte le linee e gli archi del primo dente, cambia la selezione nelle impostazioni in "Center Point" e poi seleziona il centro del cerchio (origine).

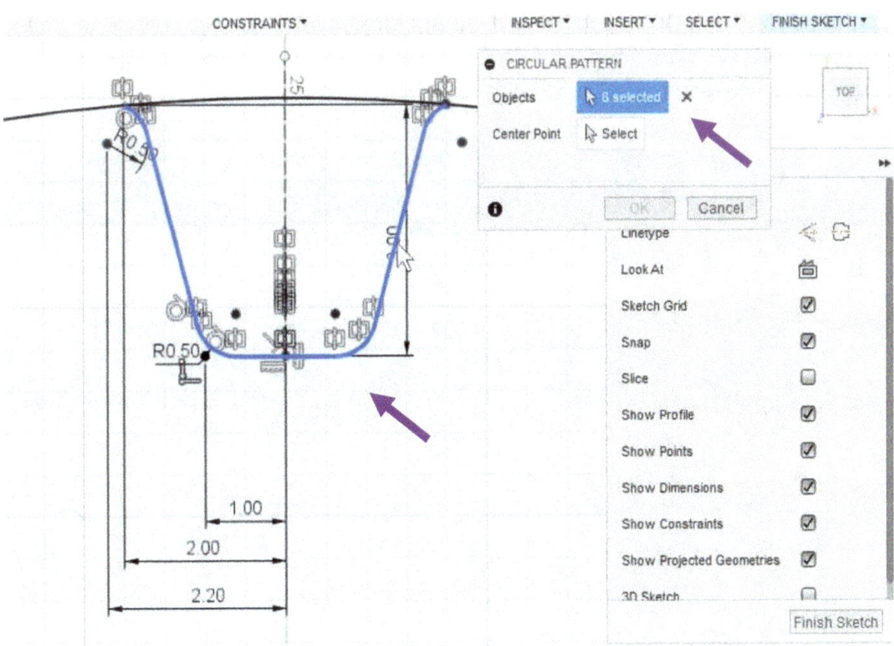

Appare una finestra in cui possiamo inserire il numero di denti che vogliamo. Ho già provato il numero in anticipo. Affinché ogni dente si colleghi ad un altro dente, abbiamo bisogno di un numero di 25.

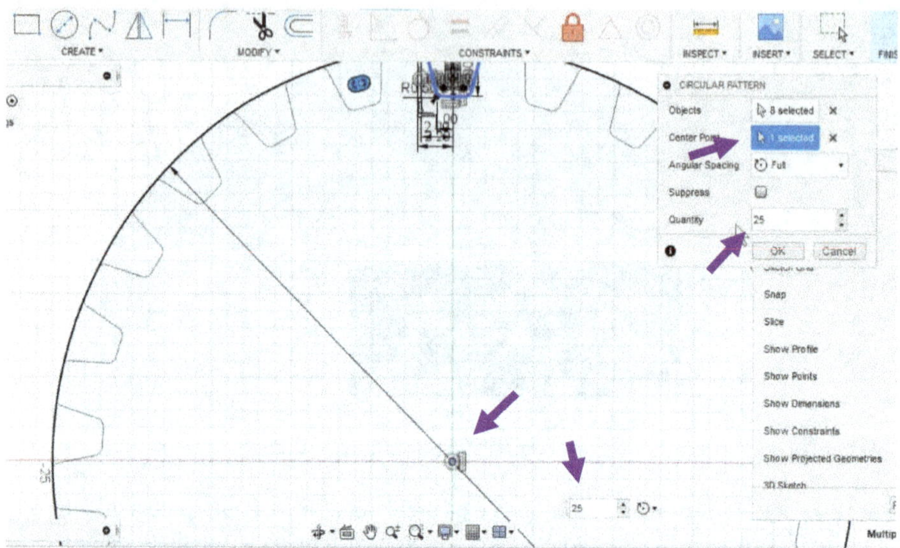

Conferma con "Ok". Come puoi vedere, questa funzione del modello ci ha semplificato notevolmente la costruzione. Ora dobbiamo solo rimuovere i confini superiori tra i singoli denti con la funzione "Trim" e poi otteniamo la prima parte della ruota dentata.

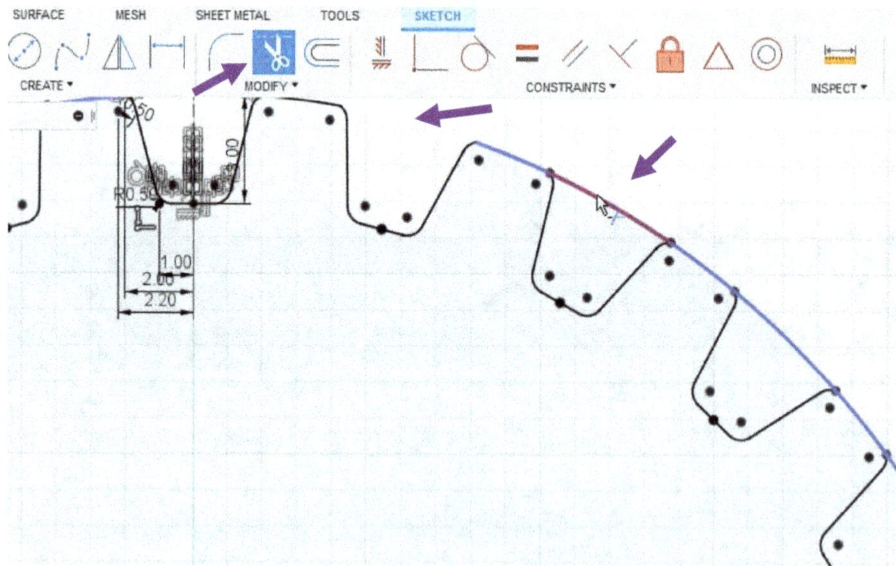

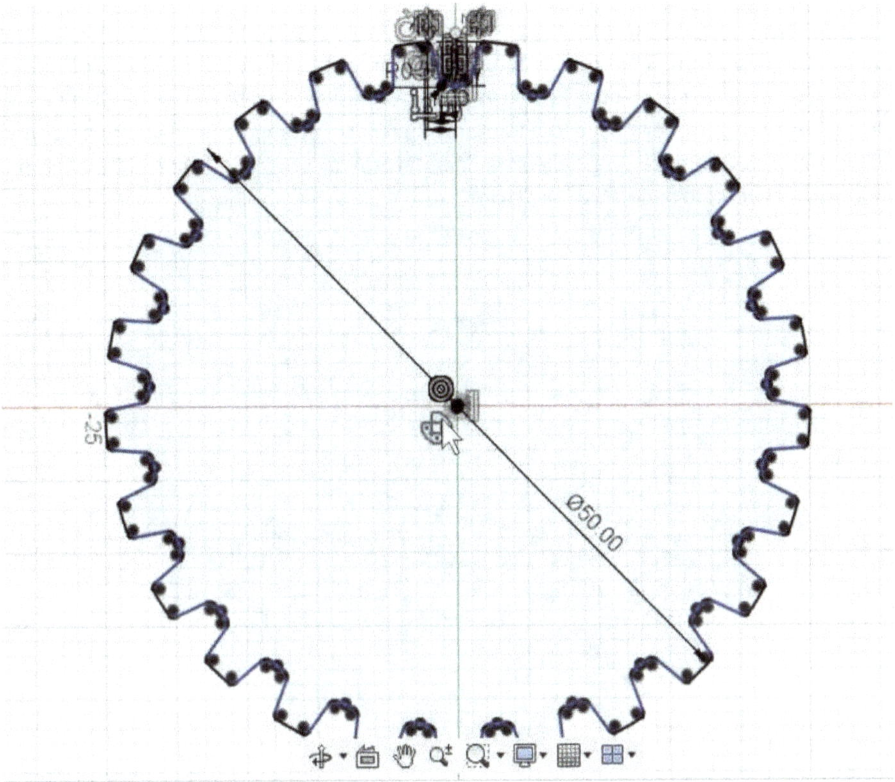

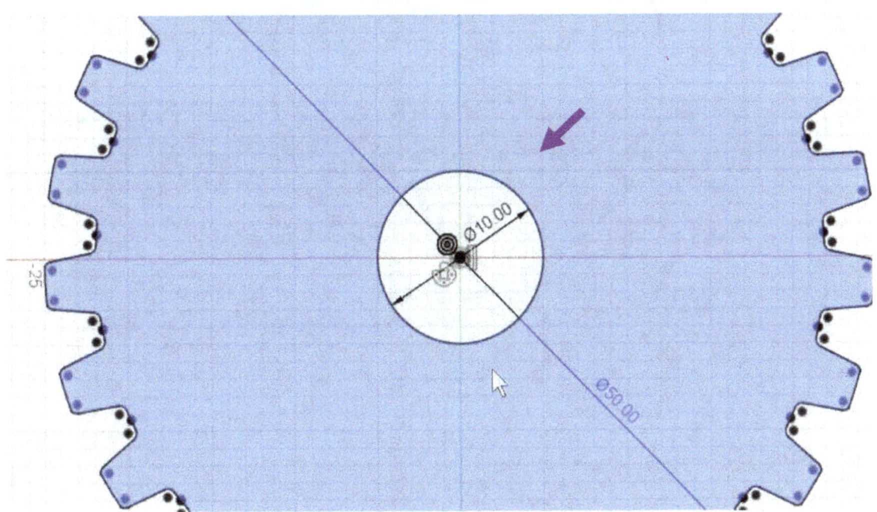

Per la seconda parte della ruota dentata, il foro o l'intaglio per un albero con un naso di trasmissione, abbiamo prima bisogno di un cerchio con un diametro di 10 mm al centro.

Poi creiamo il ritaglio rettangolare per un naso di trasmissione con l'aiuto di una linea verticale lunga 3 mm, il cui punto di partenza dovrebbe essere sul cerchio, così come una linea orizzontale di collegamento lunga 4 mm e un'altra linea verticale, che dovrebbe finire sul cerchio e completare il profilo rettangolare. Aggiungiamo una dimensione di 2 mm da una delle due linee laterali all'origine e infine rimuoviamo il segmento di cerchio superfluo con "Trim".

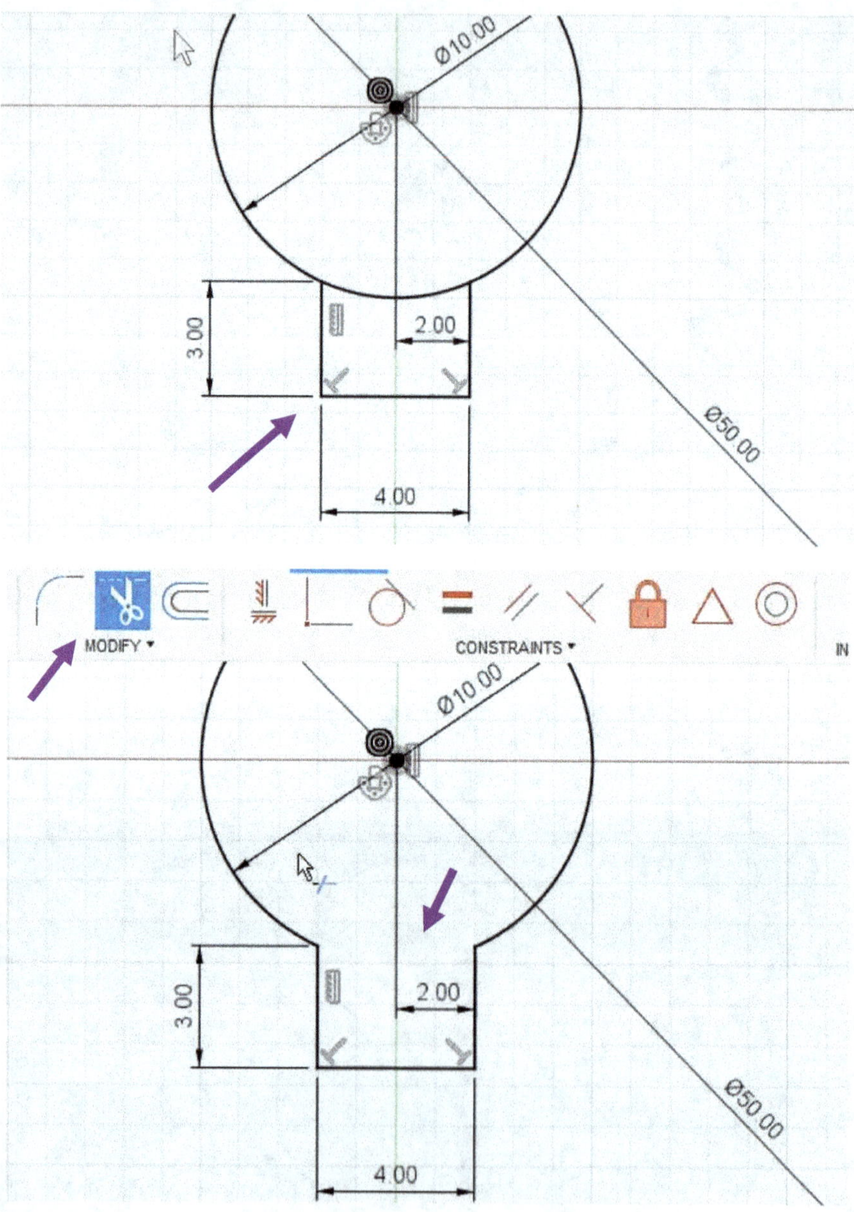

Ora il corpo base completo della ruota dentata è pronto nell'area 2D e può essere estruso nell'area 3D con "Extrude" 10 mm.

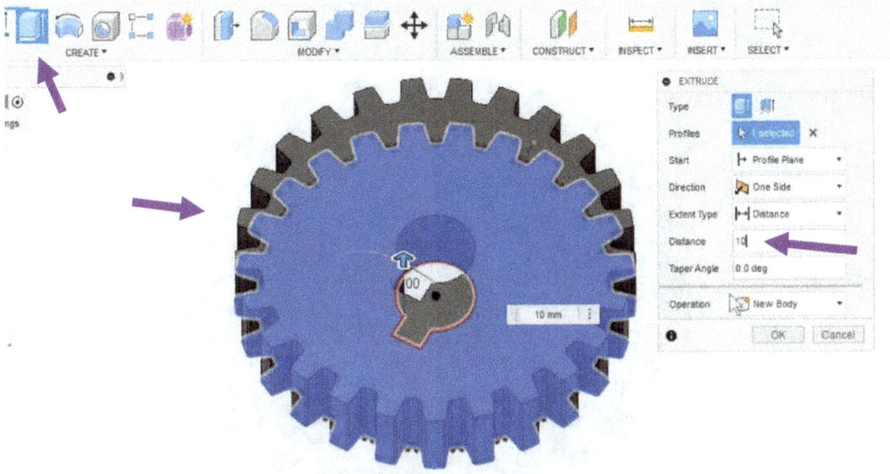

Ora vediamo anche che non abbiamo più bisogno di creare filetti in modo complesso e manuale sui bordi dei singoli denti dell'ingranaggio, poiché questi sono già presenti grazie alla nostra geometria del profilo.

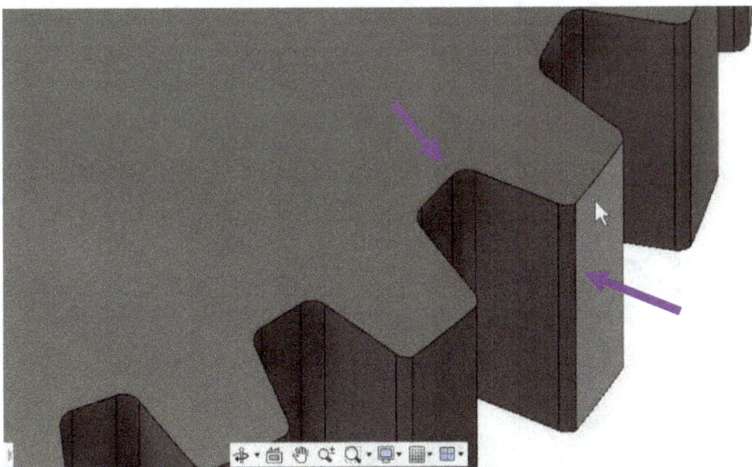

Abbiamo solo bisogno di un raccordo per i bordi circostanti delle due superfici di copertura, che possiamo creare rapidamente e facilmente con "Fillet". Seleziona semplicemente entrambe le superfici e inserisci ad esempio 0,2 mm.

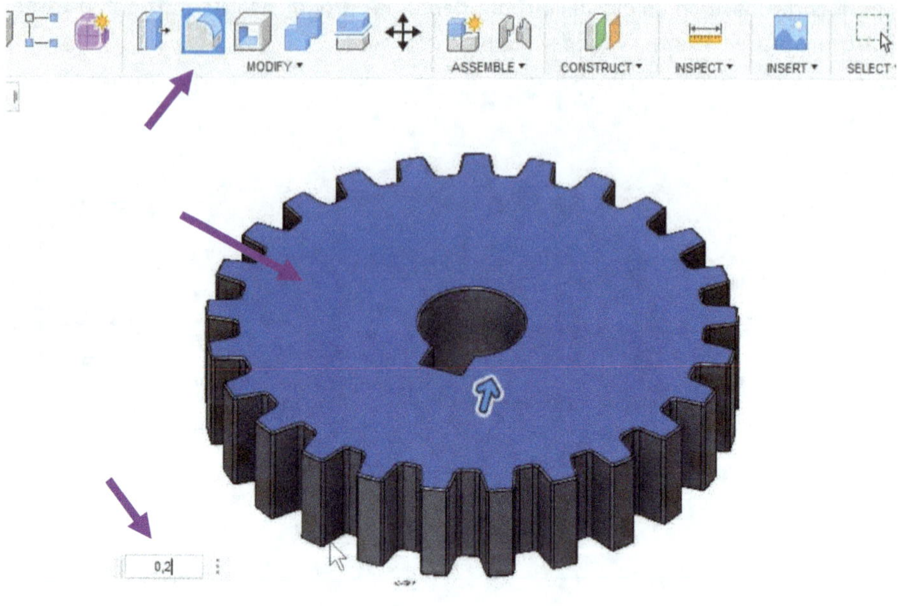

Ce l'abbiamo fatta! Dopo una breve pausa, si parte per il prossimo progetto! Creeremo un vaso di fiori artistico. A proposito, nella seconda sezione, cioè nei progetti di costruzione moderatamente difficili, ci sono anche alcuni oggetti più generali, come un telecomando o un annaffiatoio, e non solo progetti di costruzione tecnica, come avviene per la maggior parte in questa sezione.

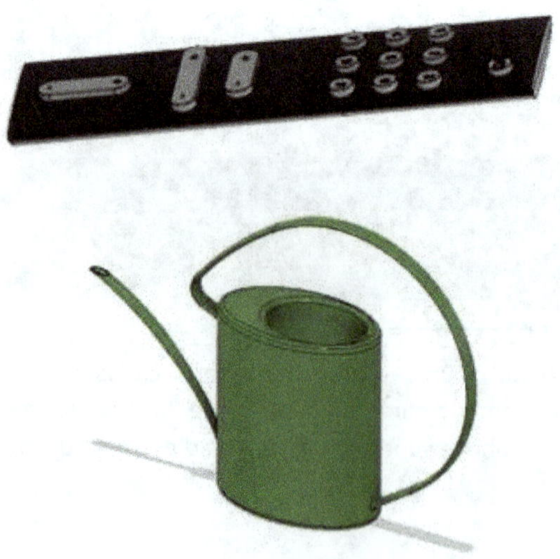

5 Progetto 4: Vaso di fiori

Bentornato! In questo progetto progetteremo un vaso di fiori di fantasia, che costruiremo come un semplice pezzo rotante. Per fare questo, iniziamo uno schizzo, ad esempio sul piano x-z, e disegniamo di nuovo metà della sezione trasversale del vaso, come abbiamo fatto con la vite. Iniziamo con una linea verticale lunga 250 mm, che è la linea centrale del nostro disegno. Dimensioniamo il punto finale superiore ad una distanza di 85 mm dall'origine e colleghiamo la linea "coincident" sull'origine in modo che sia completamente definita.

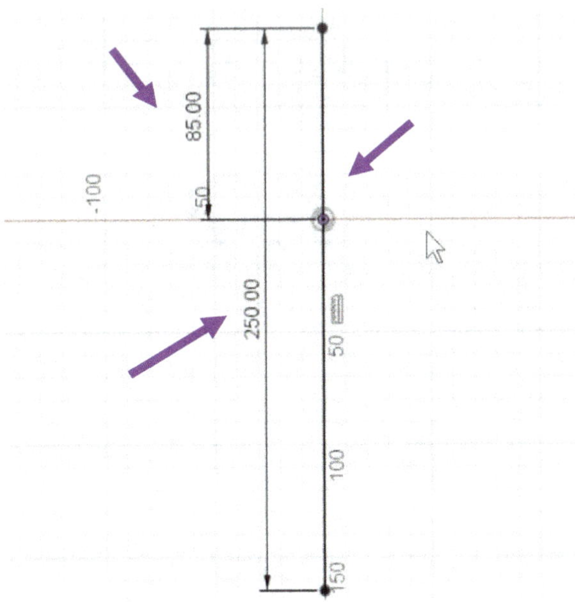

Poi disegniamo le linee di confine orizzontali superiore e inferiore del nostro vaso con 35 mm per la linea superiore e 45 mm per quella inferiore.

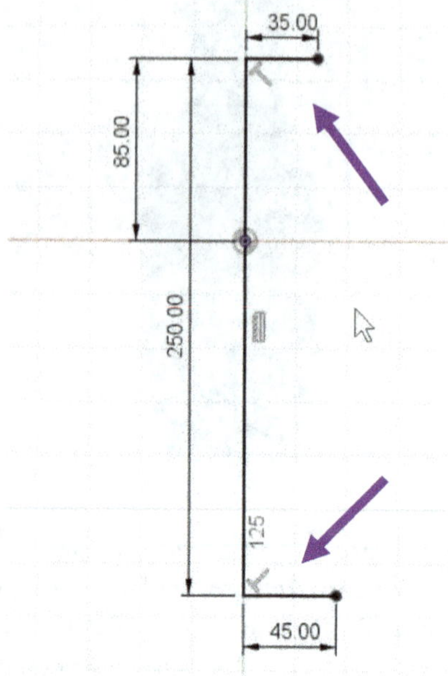

Seguono poi altre linee orizzontali che devono servire come linee ausiliarie, cioè linee di costruzione per la parete esterna del vaso. Una linea con 25 mm e una linea con 55 mm.

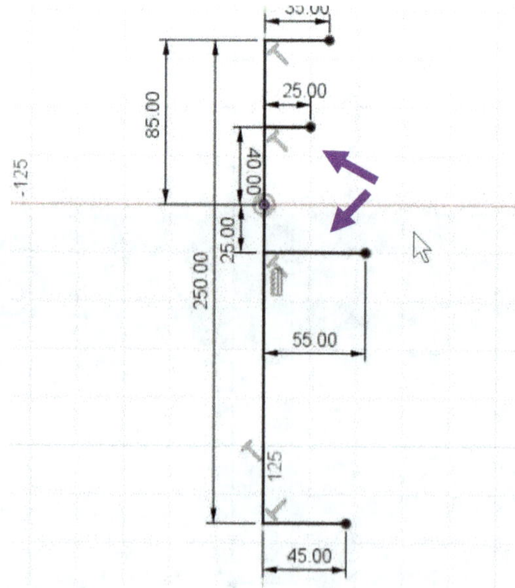

La linea di 25 mm è data una distanza di 40 mm dall'origine e l'altra linea una distanza di 25 mm dall'origine. Impostiamo ancora i due punti di partenza della linea coincidenti con la verticale se questa relazione non è stata impostata durante il disegno. Dopo la conversione in linee di costruzione, disegniamo le linee di collegamento come mostrato.

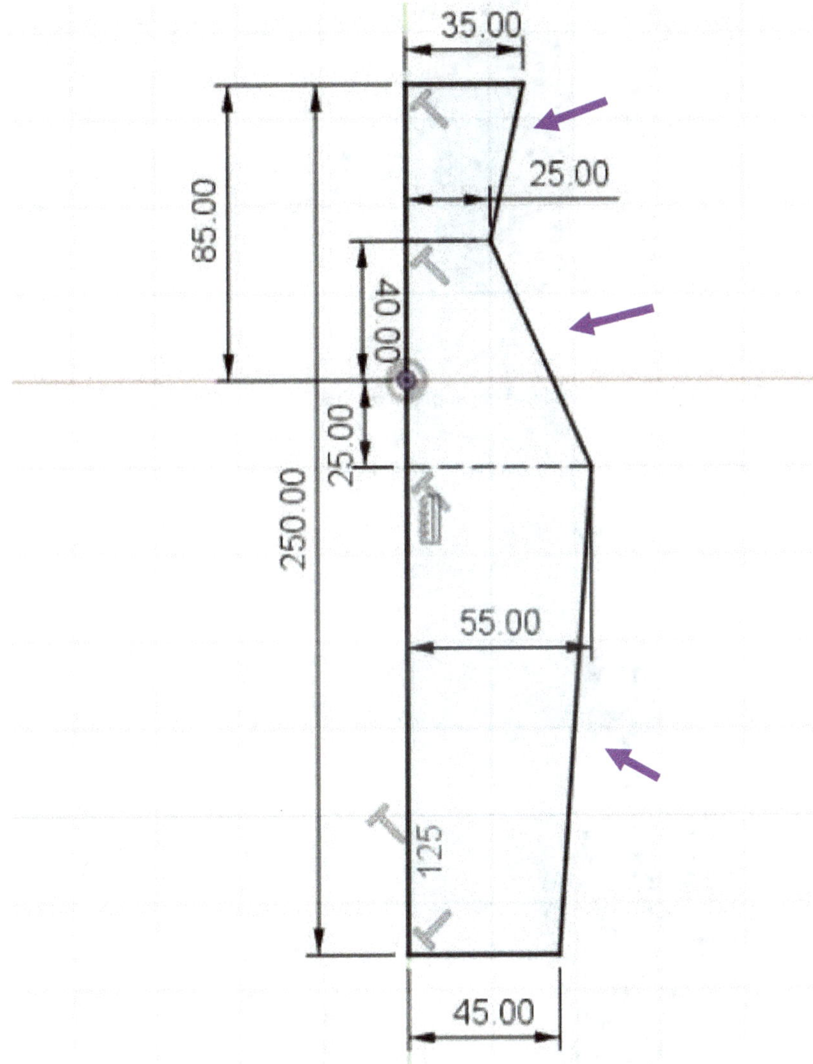

Poi possiamo passare alla modalità 3D e creare il vaso con il comando "Revolve". Per fare questo, selezioniamo il profilo come al solito, se non è già selezionato, il che è improbabile, e poi l'asse di rotazione, che nel nostro caso è l'asse z blu. Abbiamo di nuovo bisogno di 360 gradi per la rotazione e possiamo poi confermare.

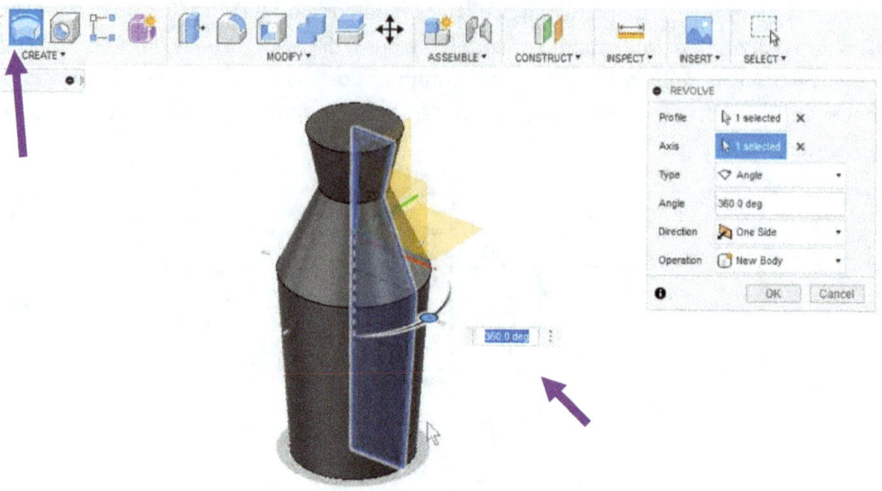

Il corpo base del vaso di fiori è ora pronto. Successivamente, scaviamo il corpo utilizzando il comando "Shell" e cliccando sulla superficie superiore del vaso. Per lo spessore della parete possiamo scegliere ad esempio 3 mm.

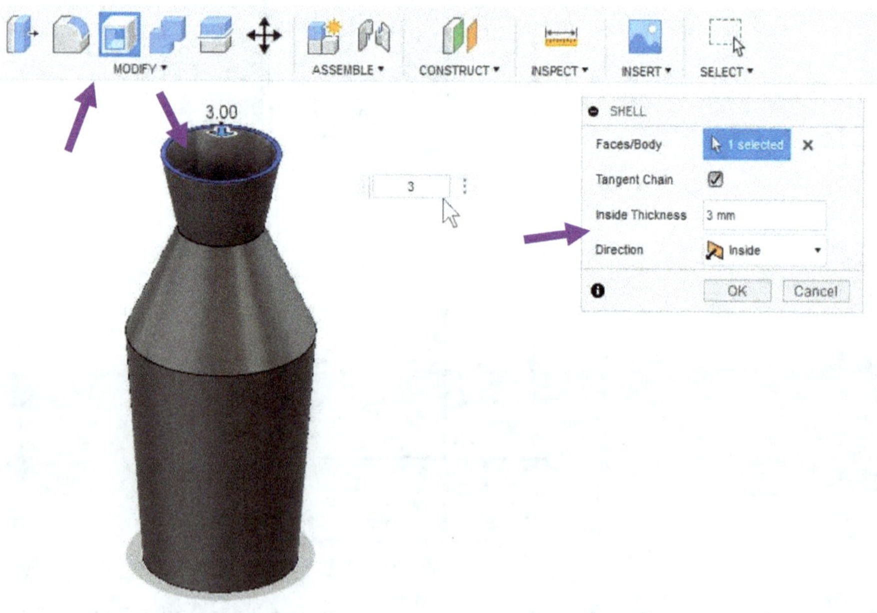

Per migliorare ancora un po' il design angolare, aggiungiamo un arrotondamento di 10 mm per il bordo inferiore.

Per i tre bordi rimanenti, ad esempio, scegliamo dei filetti di 1 mm.

Come ultimo passo, vorremmo cambiare l'aspetto del vaso di fiori. Cliccando con il tasto destro del mouse sul corpo nell'albero della struttura e selezionando "Appearance", possiamo regolare l'aspetto come desiderato.

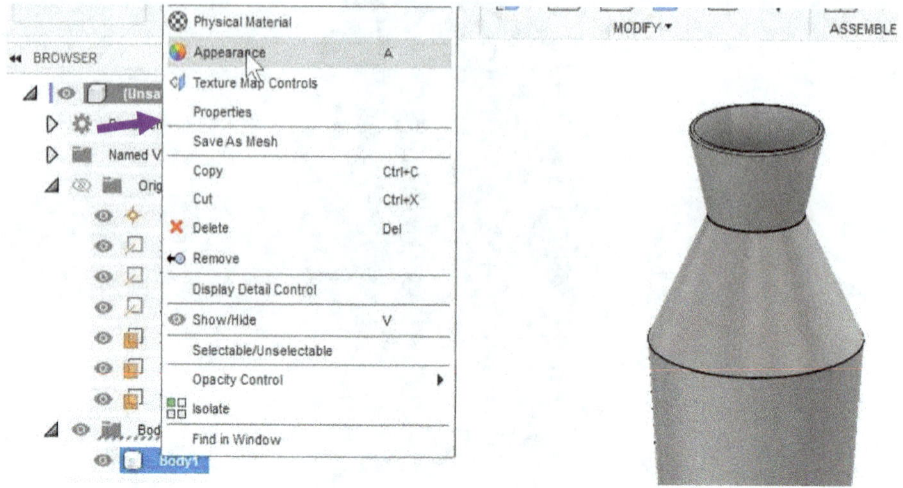

Nella sezione inferiore possiamo cercare un aspetto adatto nella libreria di Fusion 360. Possiamo anche utilizzare la funzione di ricerca se abbiamo già in mente un colore o un materiale specifico. Per esempio, potremmo trasferire l'aspetto di uno zaffiro al vaso con un movimento di clic e trascinamento.

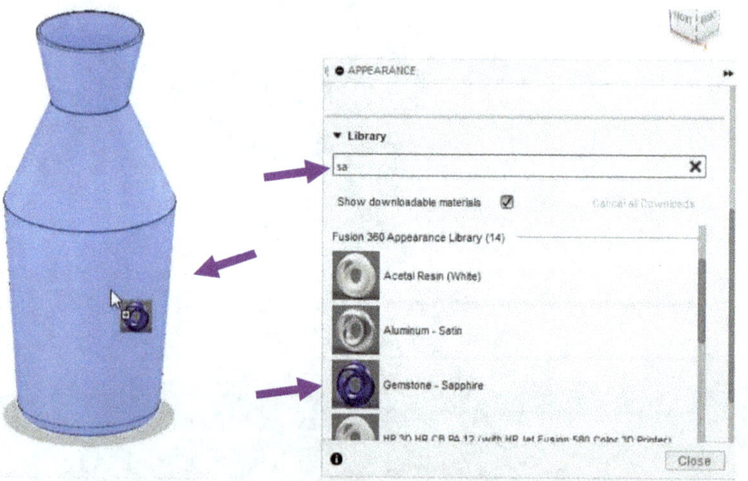

Nei prossimi due progetti torniamo a costruzioni più difficili, come un cacciavite e una chiave inglese, prima di passare alla seconda sezione.

6 Progetto 5: Cacciavite a taglio

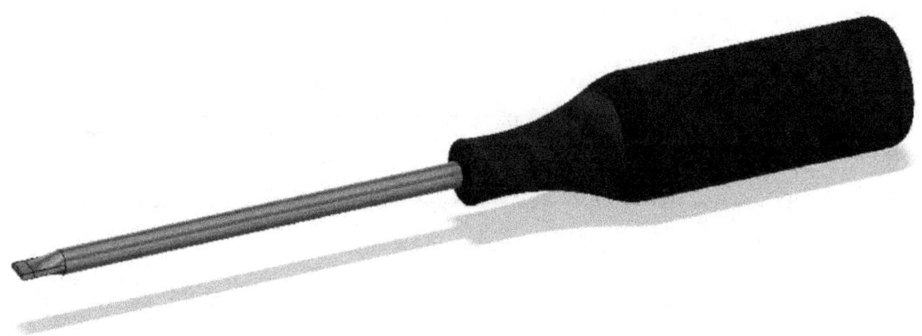

Iniziamo per il cacciavite a taglio con il manico, che creeremo ancora una volta come parte rotante, poiché questo sarà più facile per la geometria seguente. Per fare questo, prima creiamo di nuovo uno schizzo 2D, ad esempio sul piano x-z e disegniamo una linea orizzontale lunga 110 mm, che posizioniamo simmetricamente nel nostro ambiente di schizzo ad una distanza di 55 mm dal centro.

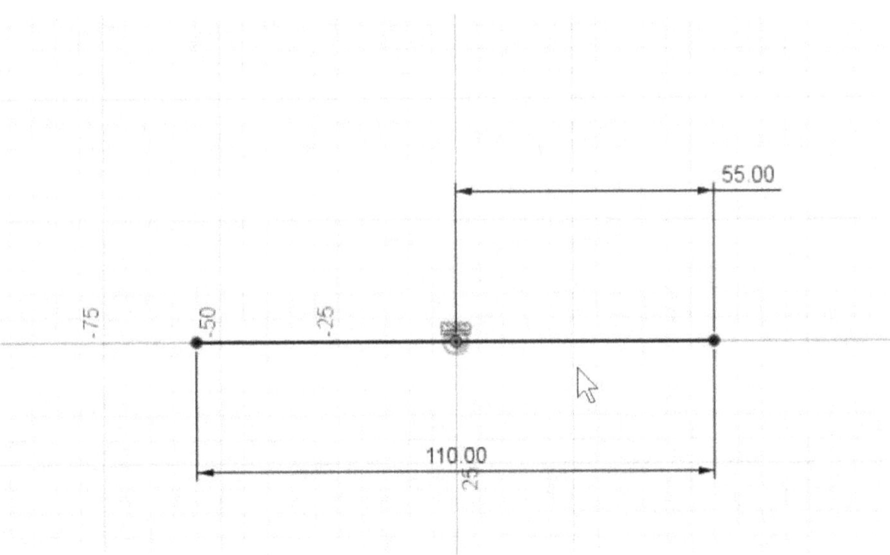

Abbiamo anche bisogno di un collegamento coincidente tra la linea e l'origine per definire completamente la linea. Una linea verticale lunga 15 mm e una successiva linea orizzontale lunga 70 mm rappresentano la prima parte dell'impugnatura del cacciavite.

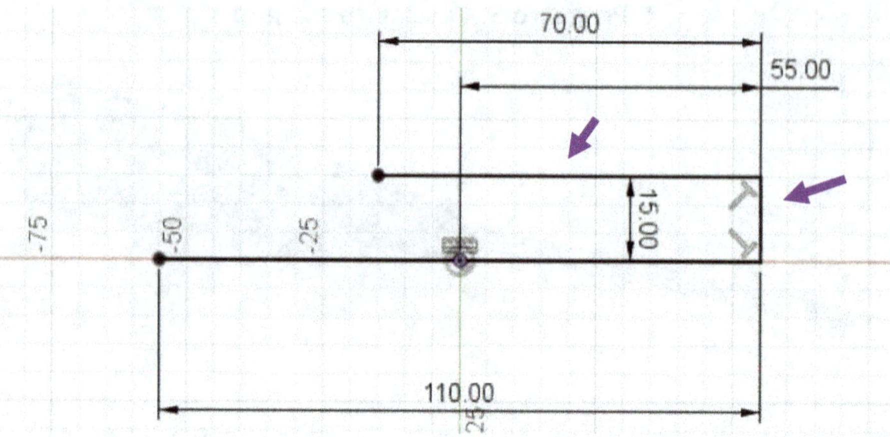

Per la seconda parte abbiamo bisogno di una linea verticale lunga 8 mm e un arco di 3 punti che collega il profilo precedente. Dovrebbe avere un raggio ad esempio di 60 mm.

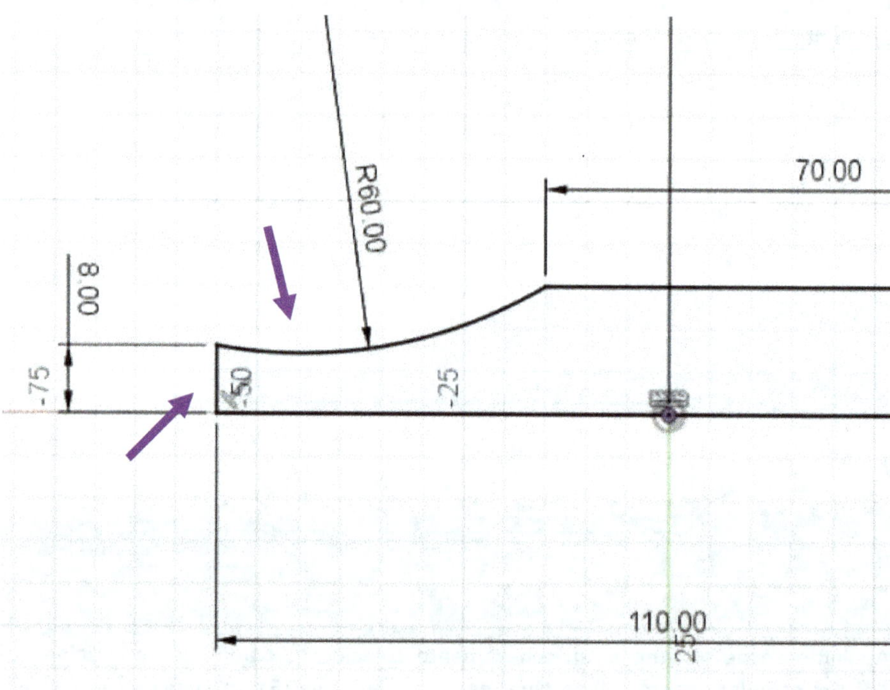

In questo schizzo 2D ora faremo anche immediatamente dei filetti con il comando "Fillet". Per il bordo posteriore esterno del manico del cacciavite scegliamo un raggio di 5 mm.

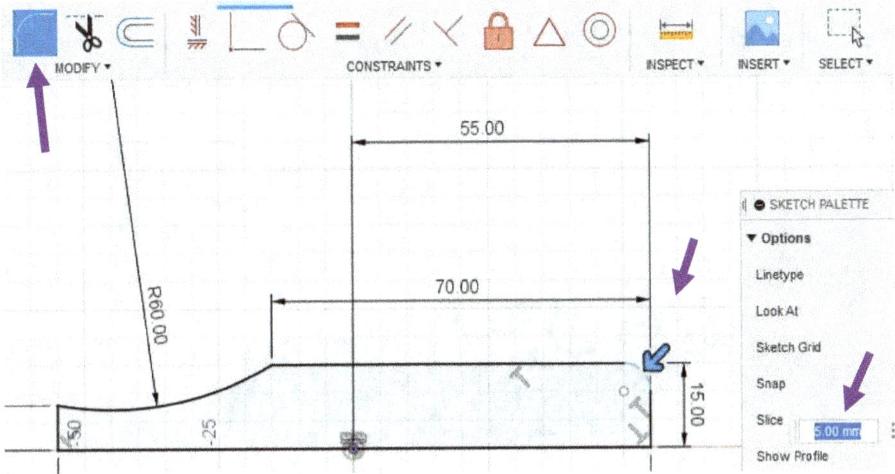

Per le transizioni nella zona anteriore 15 mm e 2 mm.

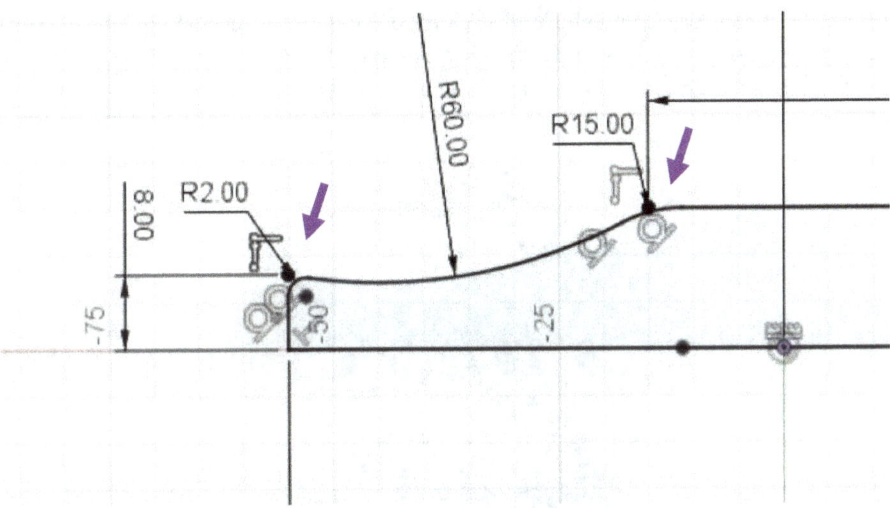

Non disegneremo la lama e la punta della lama o la punta in questo schizzo 2D. Se vuoi, puoi anche aggiungere la punta della lama a questo schizzo, ma la aggiungeremo subito come estrusione. Prima però dobbiamo passare alla modalità 3D e ruotare il profilo per la maniglia in questo caso attorno all'asse x rosso con il comando "Revolve".

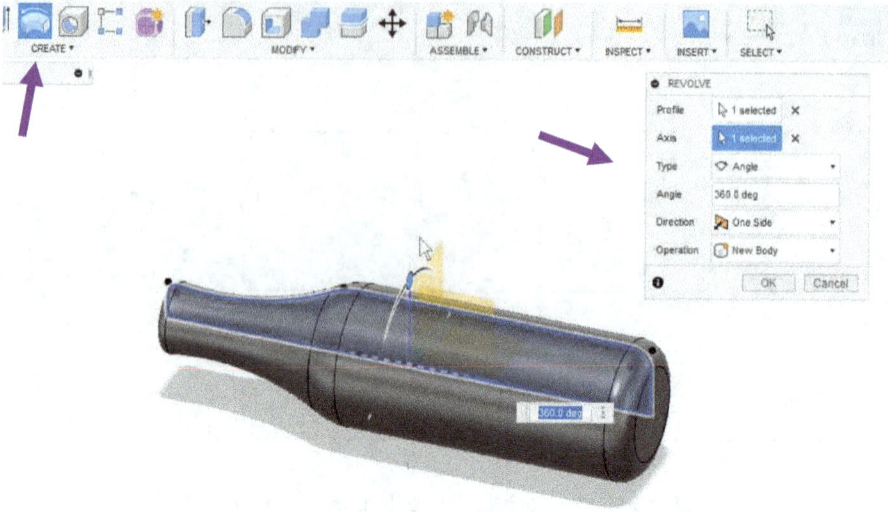

Come già detto, ora completeremo la lama del cacciavite, che abbozzeremo sulla superficie anteriore del manico. Abbiamo semplicemente bisogno di un cerchio al centro per l'estrusione lineare. Il diametro dovrebbe essere, per esempio, di 6 mm.

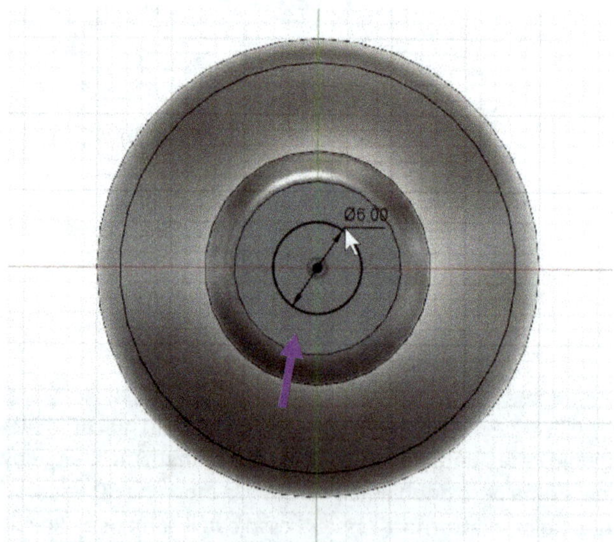

Poi estrudiamo il profilo di 100 mm e otteniamo la nostra lama di cacciavite in questo modo. Nelle impostazioni, tuttavia, selezioniamo "New Body" in questo caso in modo da poter poi progettare la lama indipendentemente dal manico.

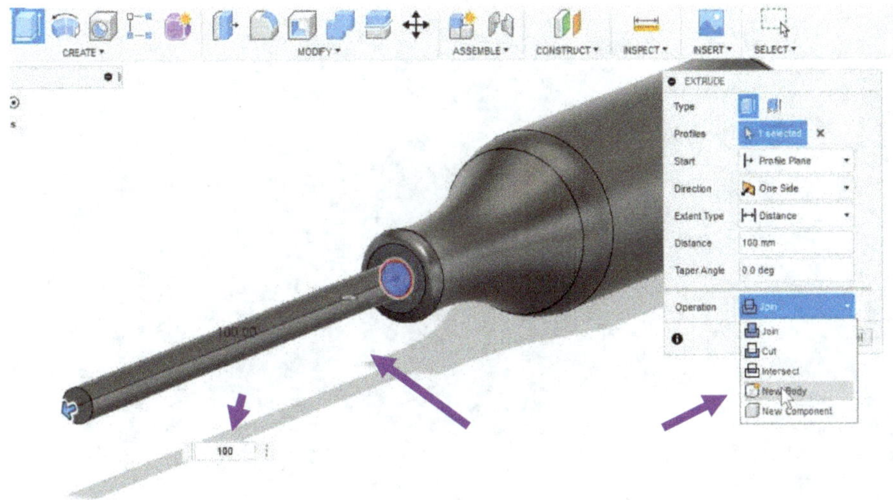

In realtà, queste due parti sono anche fatte di materiali diversi. Ora manca la punta o la punta della lama nella zona anteriore. Vogliamo costruire un cacciavite a taglio, quindi usiamo il comando "Loft" per creare la punta. Per fare questo, creiamo prima un piano parallelo alla superficie della punta con il comando "Offset Plane". Abbiamo bisogno di una distanza di 8 mm.

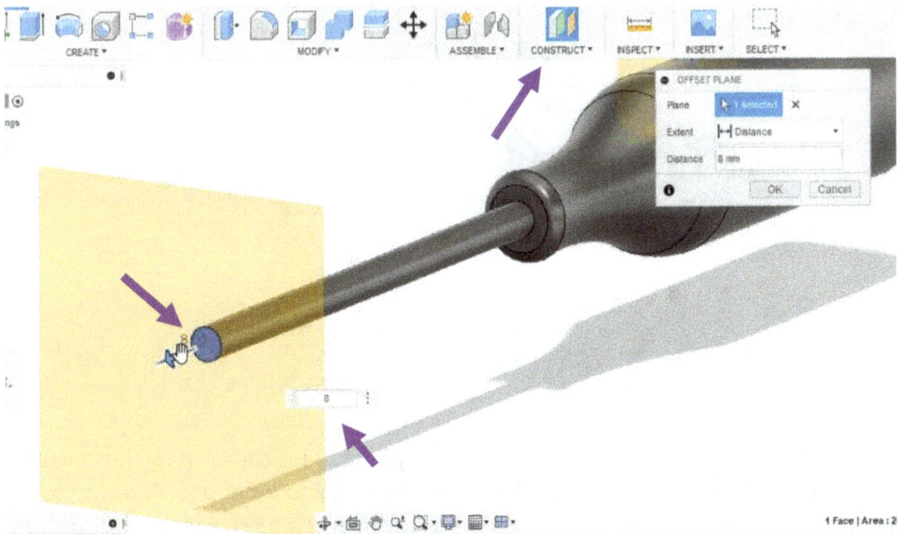

Su questo piano possiamo ora disegnare il profilo rettangolare della punta. Per questo usiamo un rettangolo centrale i cui angoli fissiamo al cerchio della lama del cacciavite con compagni coincidenti. Infine dobbiamo dimensionare la larghezza del rettangolo, ad esempio con 1,5 mm.

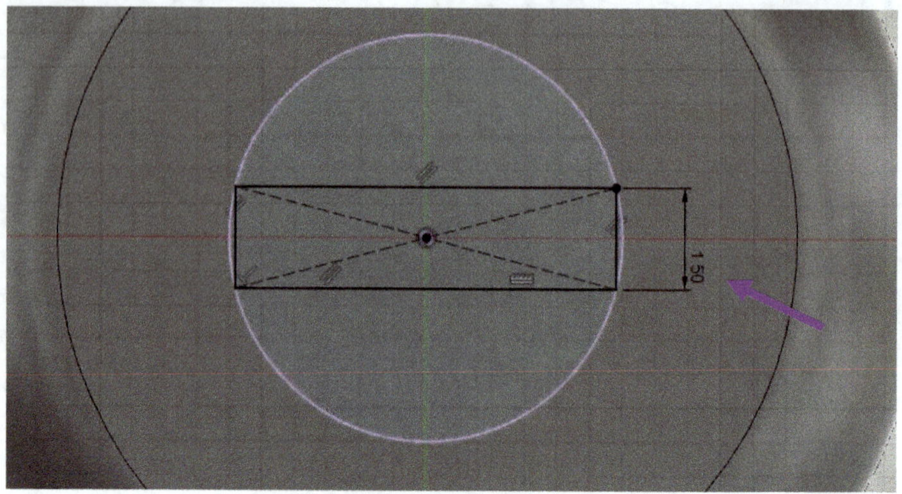

Dopo aver chiuso lo schizzo 2D, possiamo ora utilizzare il comando "Loft" per collegare il profilo abbozzato con la geometria circolare della lama del cacciavite. Questo allora appare come segue:

Abbiamo una bella transizione tra la lama e la punta. Dato che la forma rettangolare della punta è ora un po' troppo piccola nella parte anteriore per poterla avvitare, ora dobbiamo allungarla un po'. Disegniamo semplicemente un rettangolo congruente e poi lo estrudiamo di 3 mm.

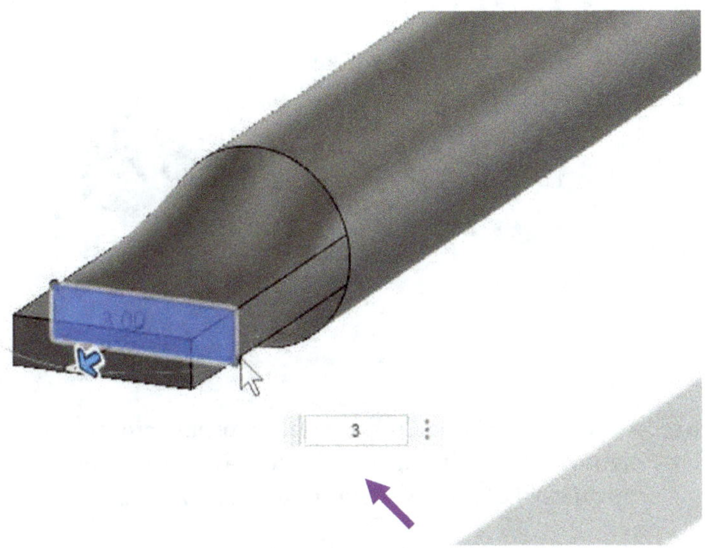

Ora ha un aspetto migliore. Sui due bordi orizzontali della punta, aggiungiamo uno smusso di 0,3 mm con il comando "Chamfer".

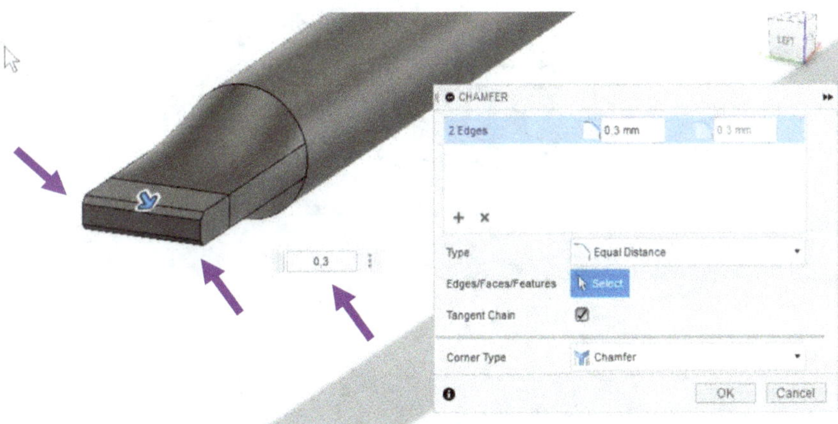

Per finire il progetto, vorremmo migliorare un po' l'aspetto. Per esempio, il manico dovrebbe essere fatto di un materiale di legno. Per fare questo, cerchiamo un legno nobile, ad esempio il noce, in "Appearance" e trasciniamo l'aspetto sul corpo del manico con il mouse. Grande!

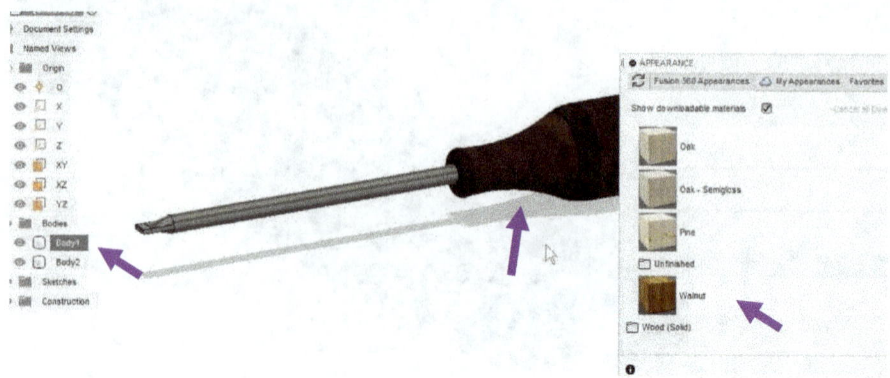

Il cacciavite è pronto! Opportunamente, il prossimo progetto continua con una chiave inglese. Assicurati di continuare, nella seconda parte seguiranno progetti di costruzione più eccitanti e difficili, per esempio un cuscinetto a sfera.

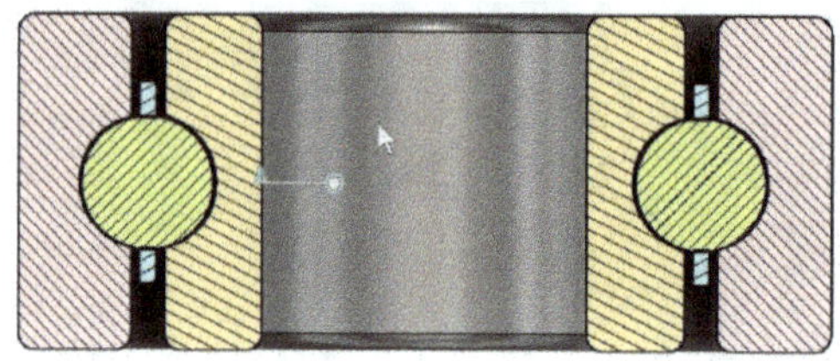

7 Progetto 6: chiave inglese (chiave aperta)

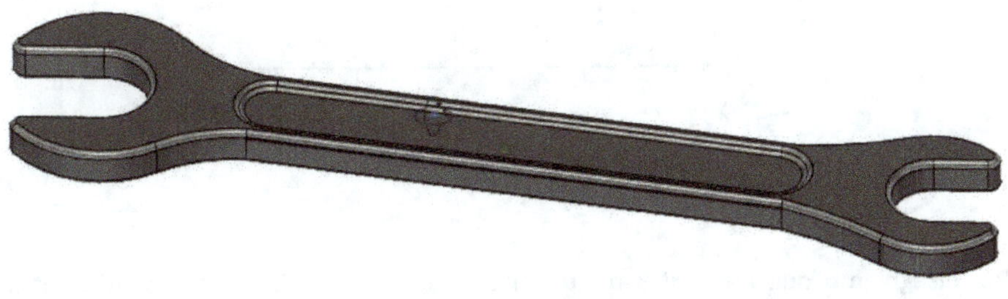

Come possiamo costruire al meglio questa chiave? Se diamo un'occhiata più da vicino alla geometria della chiave, alcuni di voi potrebbero già rendersi conto che ha senso iniziare con una geometria circolare nelle aree destra e sinistra e costruire l'area centrale della chiave con archi e linee di collegamento. Gli altri dettagli seguiranno più tardi. Quindi disegniamo prima due cerchi sul piano x-y. Il cerchio sinistro dovrebbe avere un diametro di 35 mm e quello destro un diametro di 28 mm. Abbiamo impostato il cerchio sinistro ad una distanza di 67 mm dall'origine e quello destro a 65 mm. Mancano ancora i collegamenti orizzontali con l'origine per la definizione completa.

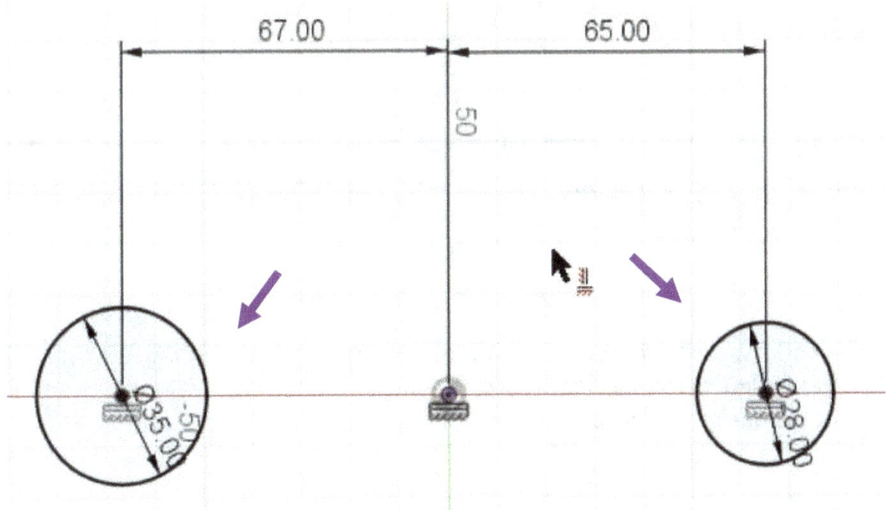

Ora creiamo l'area centrale. Per fare questo, disegniamo prima una linea lunga 85 mm con una distanza di 7,5 mm e 42,5 mm dall'origine. Nell'area inferiore disegniamo una linea identica e applichiamo la relazione "Equal" in modo che le due linee siano uguali. Aggiungiamo di nuovo le dimensioni in direzione x e y all'origine.

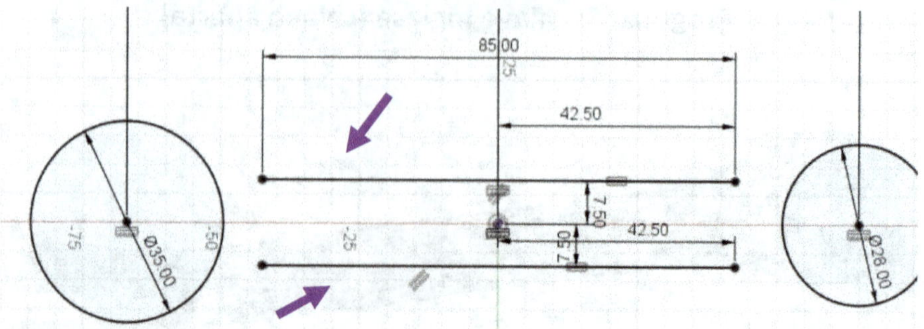

Poi disegniamo due archi di 3 punti nell'area di transizione sinistra, i cui punti di partenza e di arrivo sono rispettivamente di iniziare e finire sul cerchio e sul punto finale della linea. Definiamo un raggio di 25 mm per questi archi.

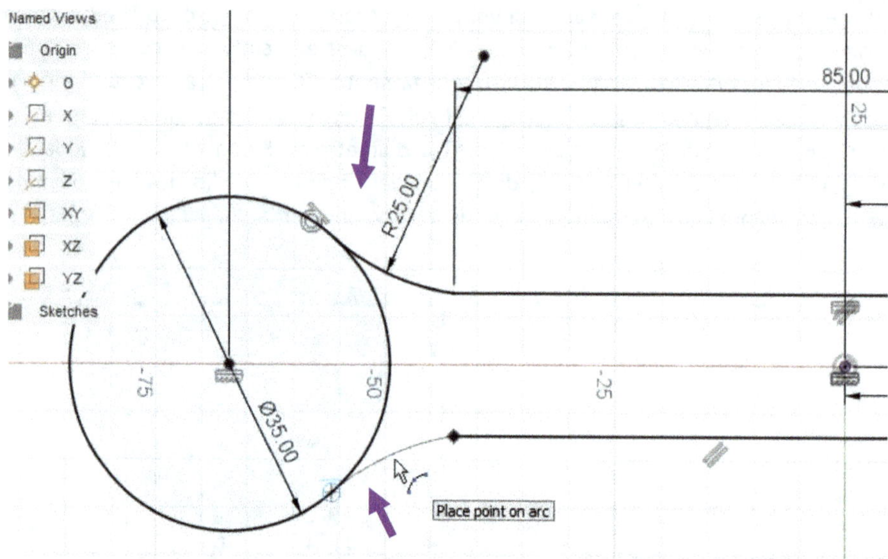

Facciamo lo stesso nella zona di transizione del lato destro. Tuttavia, il raggio qui dovrebbe essere di 65 mm in ogni caso. Poi possiamo rimuovere i segmenti di arco in eccesso dei due cerchi con lo strumento "Trim".

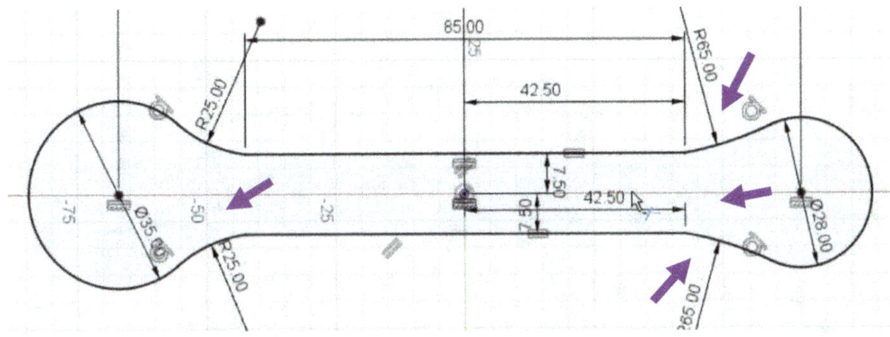

Passiamo ora ai due tagli che permettono la funzione effettiva della chiave. Vorremmo integrarli subito nello sketch per risparmiare una o più fasi di lavoro. Cominciamo di nuovo dal lato sinistro. Questa geometria è anche più facile da abbozzare con l'aiuto di un cerchio, che mettiamo al centro e non dimensioniamo ancora.

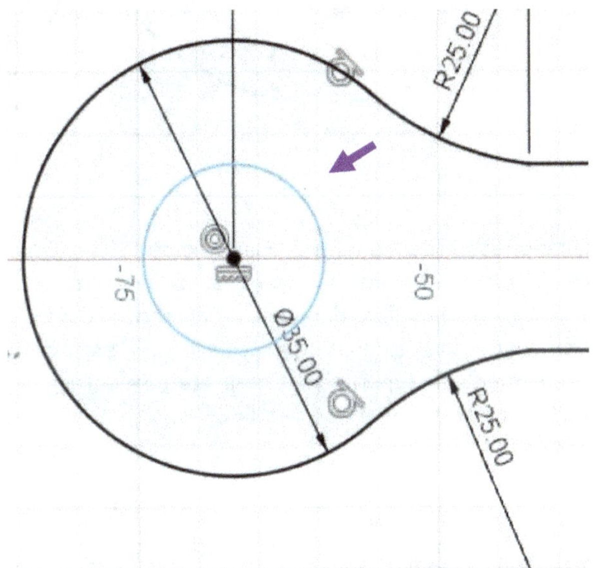

Aggiungiamo poi una linea che dovrebbe iniziare dal cerchio esterno ed essere tangente al cerchio interno appena disegnato. Assicurati che la relazione tangenziale, riconoscibile dal piccolo simbolo, sia creata. Altrimenti, aggiungilo semplicemente manualmente. Abbiamo anche bisogno di una tale linea nella zona inferiore. Abbiamo poi messo le due linee in dipendenza parallela con una relazione.

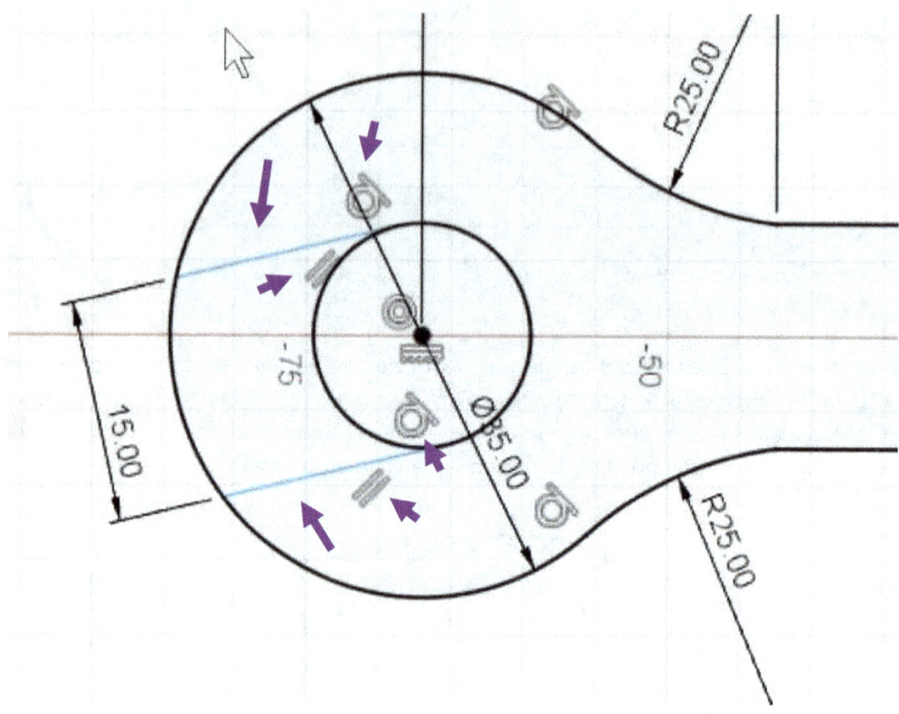

Ora dimensioniamo la distanza tra queste due linee come 15 mm. Quindi abbiamo una chiave da 15 mm su questo lato. Per un uso reale, tuttavia, è essenziale utilizzare le dimensioni o le tolleranze da un libro di tabelle o da internet, dato che ci deve essere ancora un po' di spazio tra la testa della vite e la chiave. Con l'aiuto del comando "Trim" rimuoviamo il segmento d'arco superfluo nell'area interna e poi aggiungiamo una linea ausiliaria orizzontale, che ci serve per la quotatura.

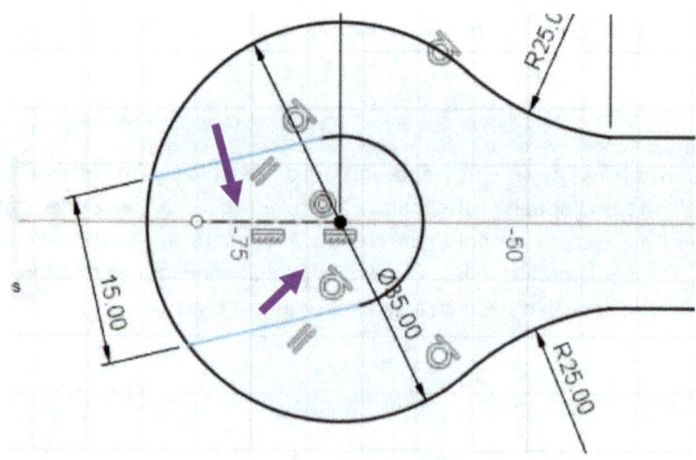

Ora dimensioniamo l'angolo tra la linea superiore e la linea ausiliaria, dato che l'apertura dovrebbe essere leggermente inclinata. Scegliamo un angolo di 10 gradi. Poi il disegno è di nuovo completamente definito. Infine, rimuoviamo il secondo segmento d'arco superfluo del cerchio esterno e otteniamo la nostra apertura.

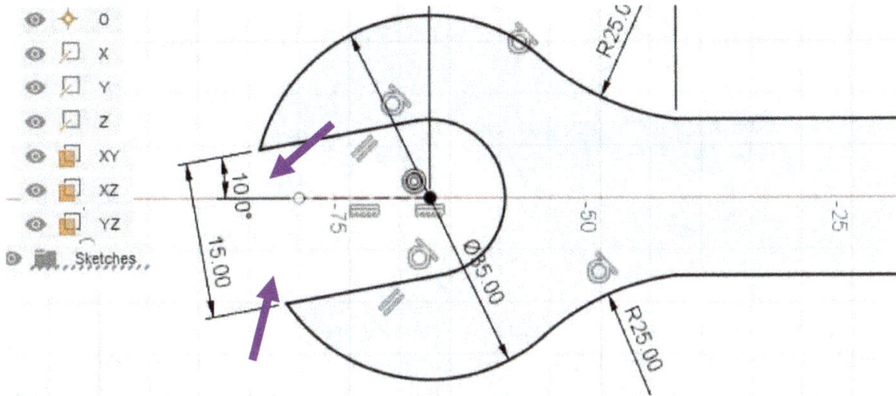

Facciamo la stessa procedura dall'altro lato. Solo le dimensioni sono diverse, noi vogliamo una chiave da 13. Sentiti libero di provarlo da solo! Come ho detto, la procedura è identica.

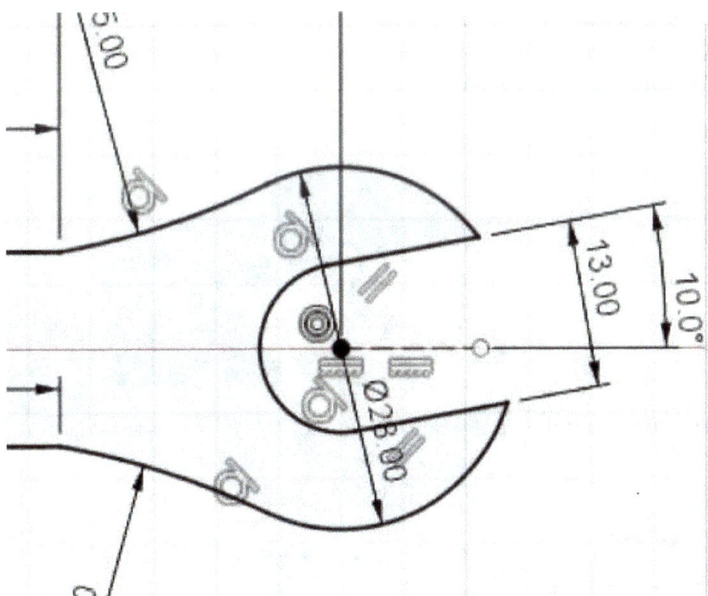

Perfetto! Il profilo è quindi pronto e possiamo finire lo schizzo 2D. Ora estrudiamo semplicemente il profilo di 3 mm con direzione simmetrica.

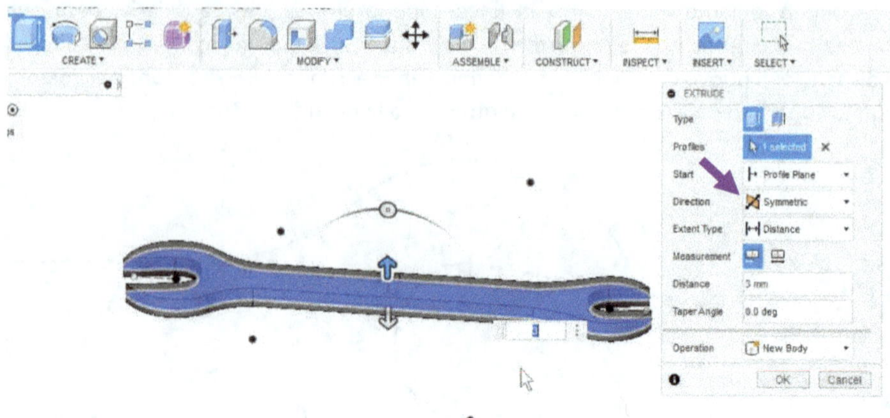

Perché una direzione simmetrica? Questo è sempre preferibile per le parti che devono avere un piano al centro della parte, perché - come vedremo tra un momento - possiamo specchiare le caratteristiche simmetriche più facilmente. Anche per l'assemblaggio a volte offre dei vantaggi avere un piano al centro invece che sulla parte superiore o inferiore del pezzo. Ora vogliamo aggiungere una rientranza o una goffratura nell'area centrale. Per fare questo, disegniamo un foro centrale allungato sulla superficie superiore o inferiore.

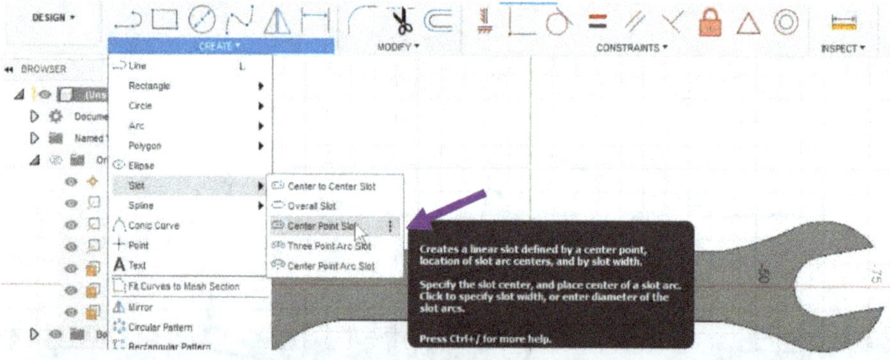

La lunghezza del foro oblungo dovrebbe essere di 80 mm e la larghezza di 10 mm.

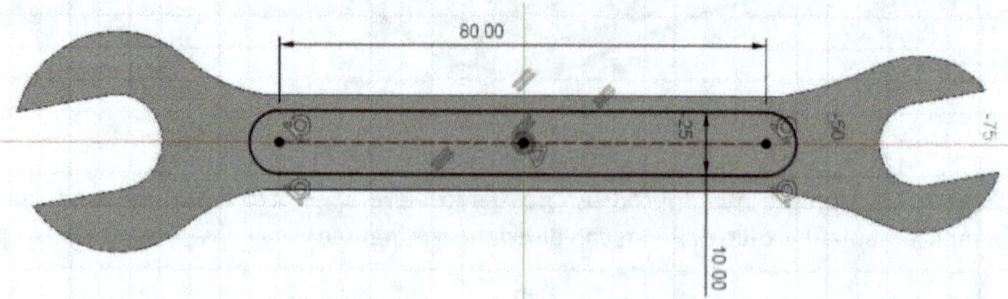

Poi imprimiamo questo profilo con "Extrude" in alternativa anche con "Emboss / Deboss" -1 mm nel componente.

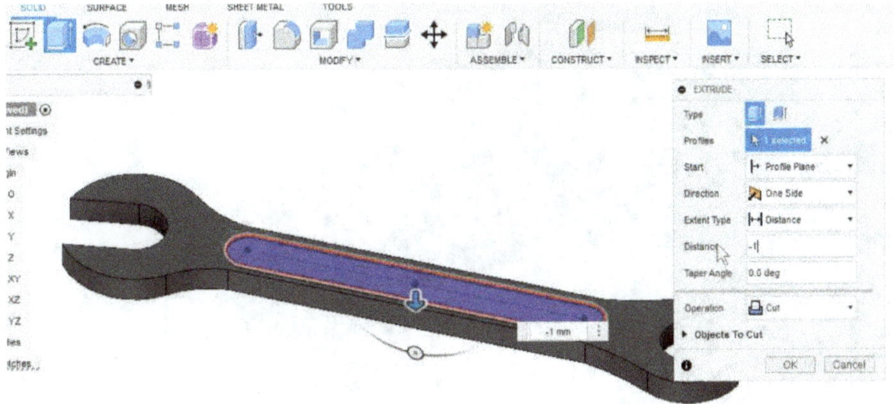

Dato che il componente è simmetrico rispetto al piano x-y, ora possiamo facilmente creare questa rientranza per l'altro lato usando il comando "Mirror". Seleziona la funzione nella timeline e il comando nel menu "Create" e poi cambia la selezione in "Mirror Plane" nelle impostazioni.

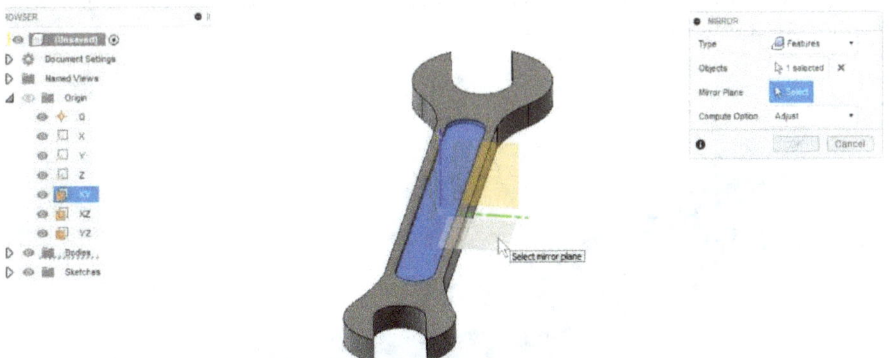

Ora possiamo semplicemente selezionare il piano x-y, dato che è già posizionato correttamente al centro - ricordi? Conferma con "Ok"! Poi arrotondiamo i quattro bordi agli alloggiamenti della chiave con, ad esempio, 2 mm. Puoi selezionare altri bordi tenendo premuto il tasto CTRL.

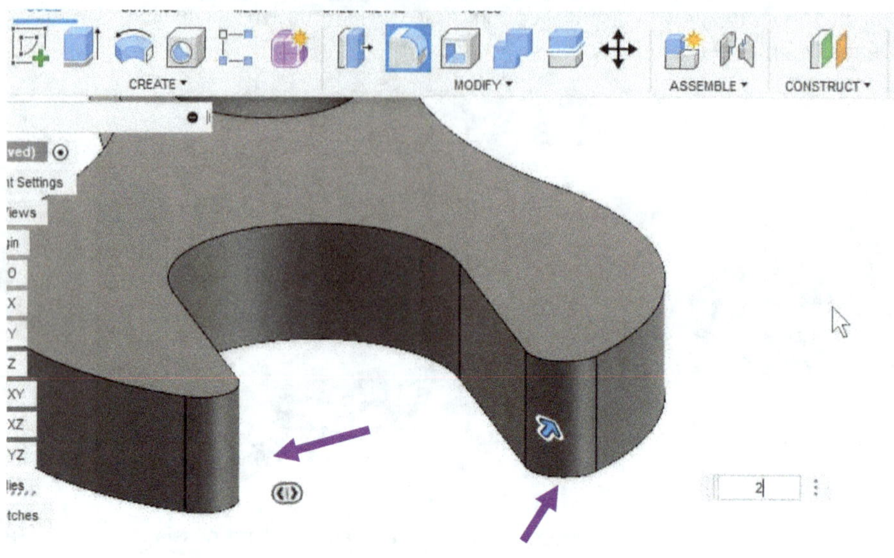

Infine, selezioniamo tutte le superfici di copertura e arrotondiamo i bordi con un raggio di 1 mm utilizzando la funzione "Fillet".

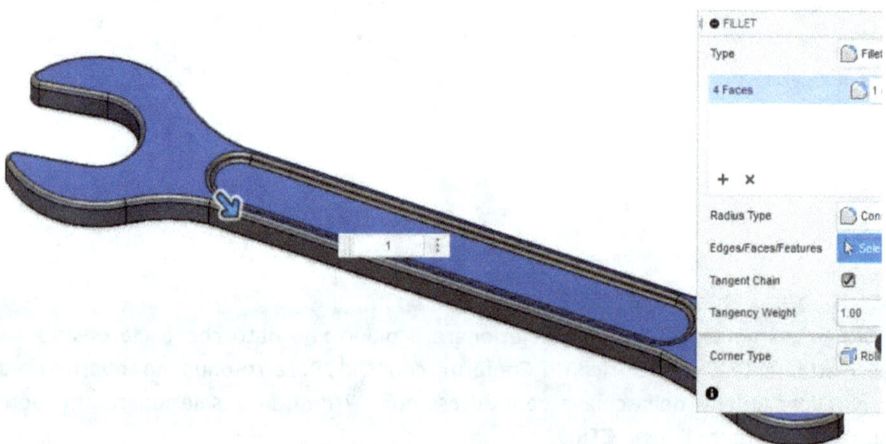

Molto bene! Abbiamo finito! Quelli erano i progetti di costruzione facili. Speriamo che ti sia piaciuto finora. Ma naturalmente questa non è la fine della storia. Piuttosto, i progetti di costruzione più complessi seguono ora nella seconda sezione. Andiamo avanti!

Sezione II: Progetti di design di media difficoltà

8 Progetto 7: Cuscinetto a sfera

Bentornato! Il primo progetto di design di questa sezione sarà un cuscinetto a sfera. Più specificamente, un cuscinetto a sfera a gola profonda a fila singola, che è uno dei cuscinetti a sfera più conosciuti e più comunemente usati. Il cuscinetto a sfera è composto da quattro componenti. Li creeremo uno dopo l'altro. Abbiamo bisogno di un anello esterno, un anello interno, così come delle palline e, come ultimo componente, una cosiddetta gabbia di palline, che assicura che le palline rimangano nella posizione corretta.

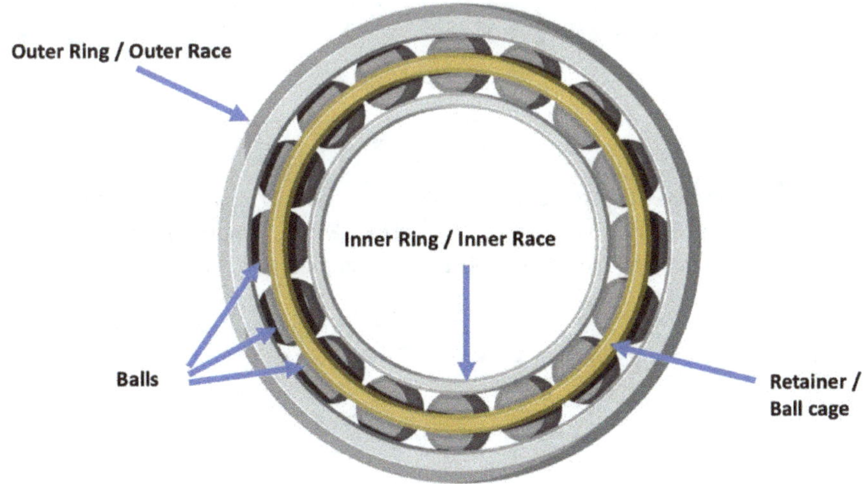

Iniziamo con il primo componente, l'anello esterno del cuscinetto a sfera. Lo creeremo con l'aiuto di una rotazione, per la quale abbiamo prima bisogno di uno schizzo 2D. Iniziamo sul piano x-y con la sezione trasversale dell'anello esterno. Per fare questo, disegniamo prima un rettangolo largo 20 mm e alto 7 mm nel piano.

Dopo averlo spostato un po' più centralmente e più in basso, abbiamo dimensionato la distanza orizzontale da uno dei bordi laterali all'origine con 10 mm in modo che il rettangolo sieda centralmente. Abbiamo dimensionato il bordo superiore con 25 mm all'origine per definirlo finalmente in modo completo.

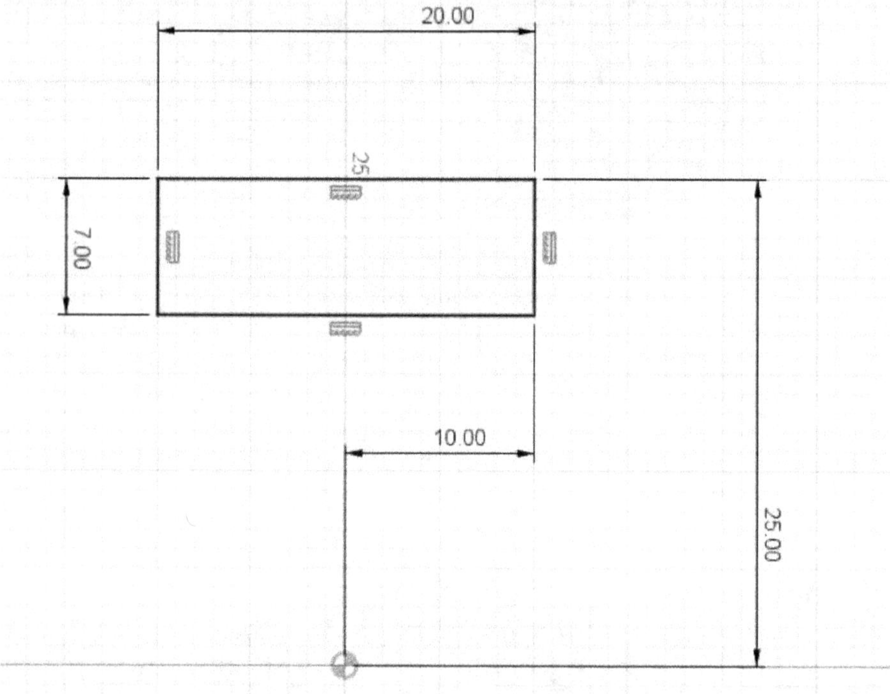

Poi dobbiamo creare la pista per le palline. Per questo usiamo un cerchio che posizioniamo come mostrato e diamo un diametro di 8 mm. Dimensioniamo la distanza tra il centro del cerchio e il bordo superiore del rettangolo con 7,8 mm.

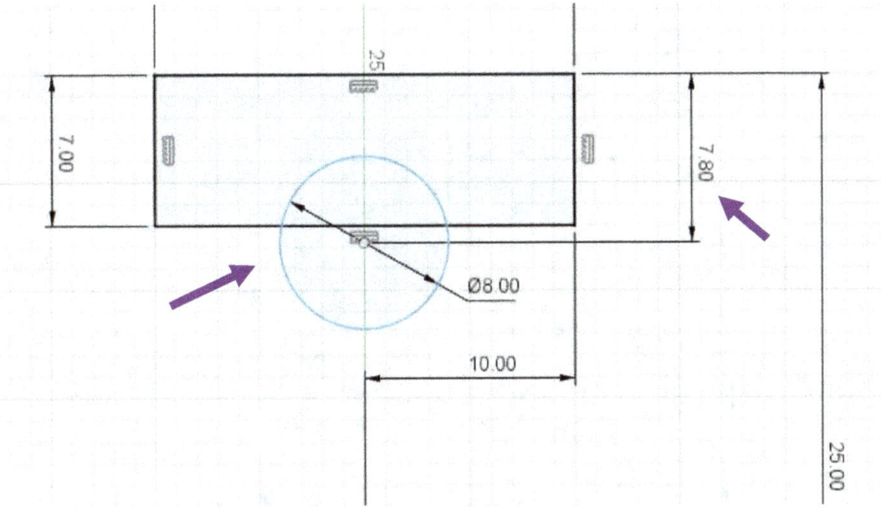

Poi rimuoviamo le due sezioni superflue del profilo come mostrato e colleghiamo il centro del cerchio con una condizione verticale all'origine.

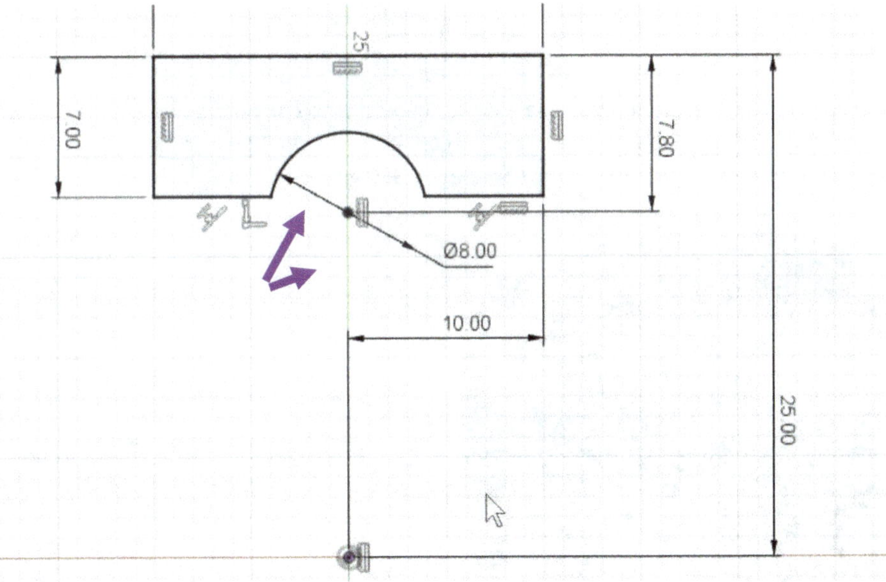

Come ultimo passo, possiamo anche arrotondare i bordi della parte. Per fare questo, creiamo dei filetti con un raggio di 1 mm già nell'area 2D utilizzando il comando "Fillet".

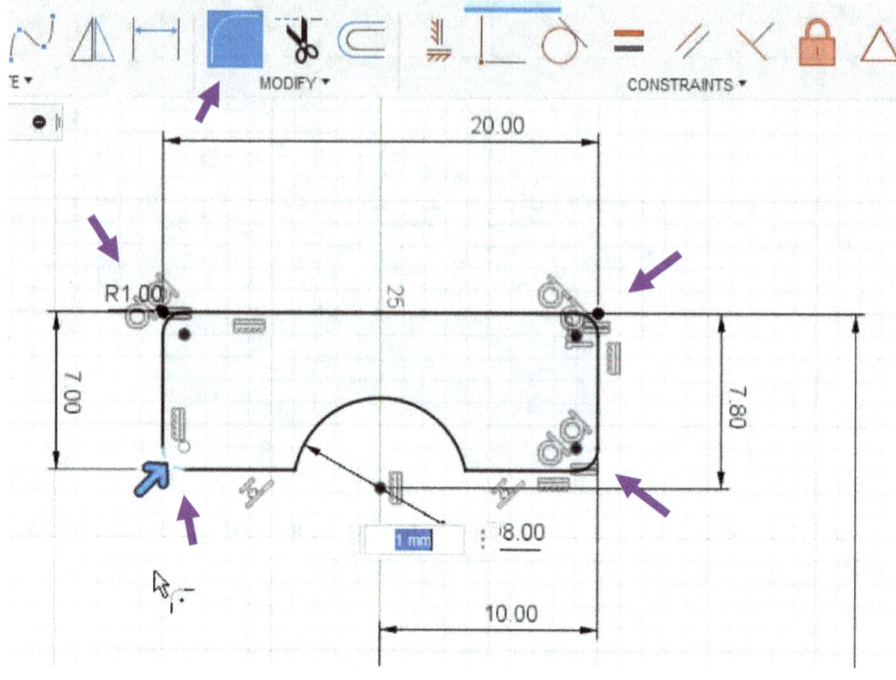

Poi il profilo della sezione trasversale dell'anello esterno è pronto e può essere ruotato intorno all'asse x rosso in modalità 3D con il comando "Revolve" in questo caso. Abbiamo bisogno di una rotazione completa a 360 gradi.

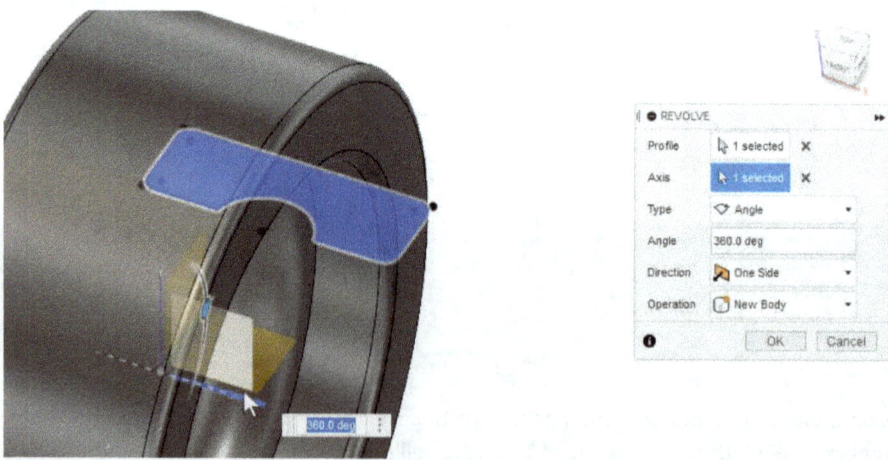

Per la seconda parte del cuscinetto a sfera, che sarà l'anello interno, dobbiamo prima creare un nuovo componente, poiché questo è un componente indipendente che verrà assemblato in seguito. Selezioniamo il comando "New component", che si trova nel menu "Assemble".

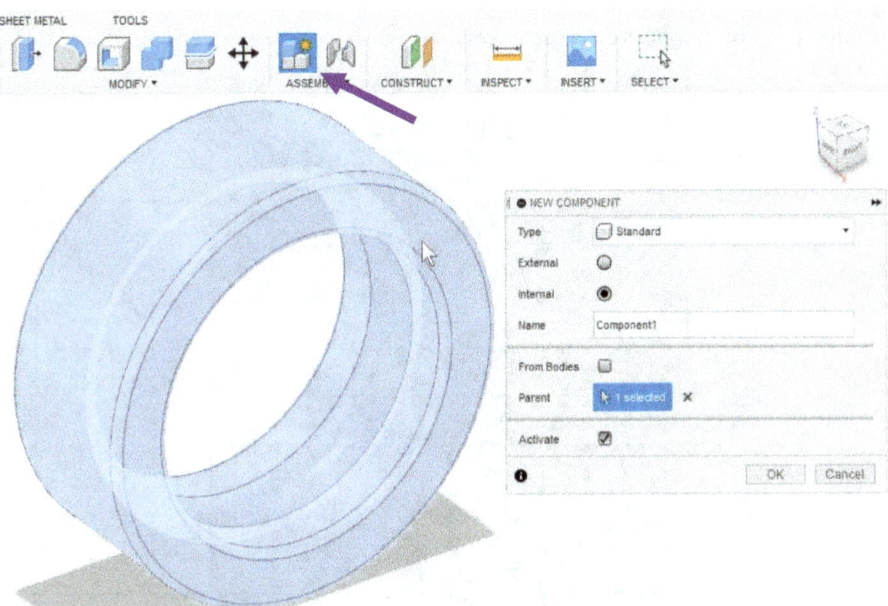

Sul piano x-y di questo nuovo componente disegniamo poi una geometria della sezione trasversale analoga alla parte precedente, che poi trasformeremo nuovamente in un componente 3D con "Revolve". Cominciamo di nuovo con un rettangolo che misura 20 mm di larghezza e 6 mm di altezza. Definiamo la distanza verticale dall'origine al bordo inferiore del rettangolo come 16 mm e la distanza orizzontale tra uno dei bordi laterali e l'origine come 10 mm.

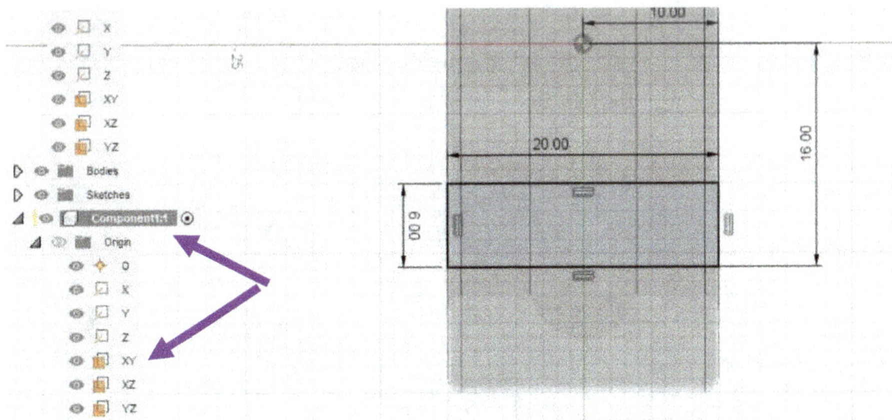

Poi disegniamo la traccia per le palline. Lo facciamo, come abbiamo fatto con l'anello esterno, con l'aiuto di un cerchio. Il diametro deve essere identico, cioè 8 mm. Segue poi un collegamento verticale all'origine e una distanza di 6,8 mm tra il centro del cerchio e il bordo superiore del rettangolo, in modo che le due piste siano concentriche tra loro.

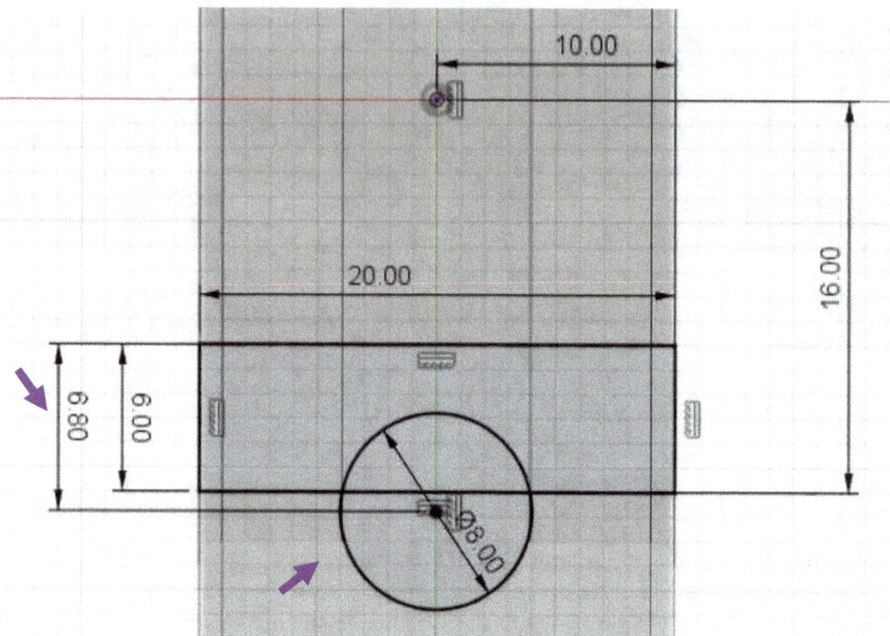

Negli ultimi due passi per il profilo, rimuoviamo di nuovo le sezioni superflue del profilo come mostrato e creiamo dei filetti di 1 mm per i bordi dell'anello interno del cuscinetto a sfera.

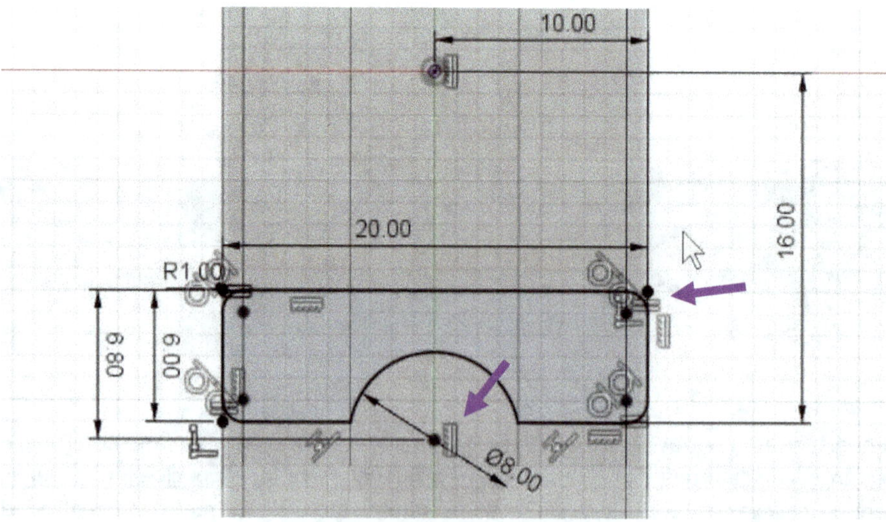

In modalità 3D possiamo quindi fare una rotazione di 360 gradi.

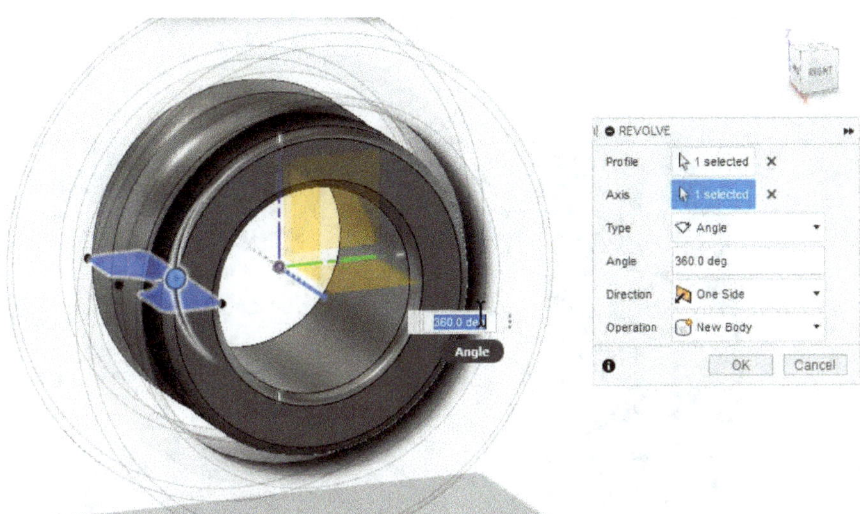

Per la parte successiva, la gabbia della palla, creiamo un nuovo componente, poiché questa parte è di nuovo un componente indipendente. Questa volta disegneremo sul piano y-z del nuovo componente poiché non ruoteremo la parte ma la creeremo usando un'estrusione. Abbiamo semplicemente bisogno di disegnare due cerchi, ognuno dei quali dovrebbe iniziare al centro e avere un diametro di 33 mm e 35 mm rispettivamente.

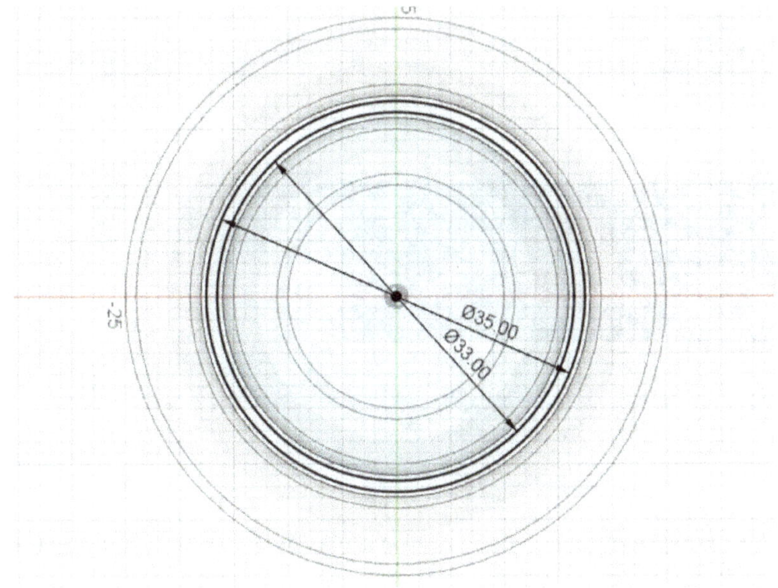

Poi possiamo fare un'estrusione simmetrica con una spaziatura di 6 mm.

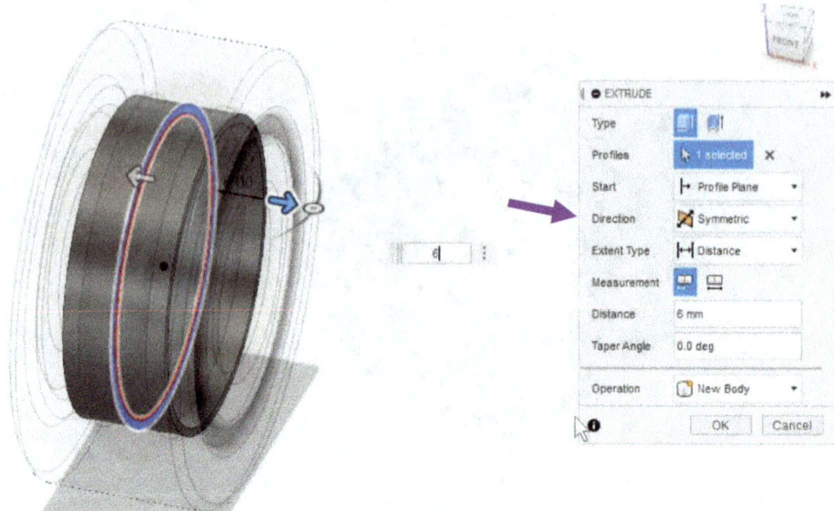

Ora dobbiamo aggiungere i fori dove le palline si siederanno in seguito. Per questo usiamo il comando "Hole". Prima, però, nascondiamo gli altri due corpi per poter lavorare meglio. Poi piazziamo un foro di 7,8 mm con una profondità di 2 mm nel centro superiore della gabbia di sfere. Abbiamo bisogno di un foro semplice, senza filettatura e senza un angolo di punta. Dopo aver posizionato il foro esattamente al centro, possiamo confermare con "Ok".

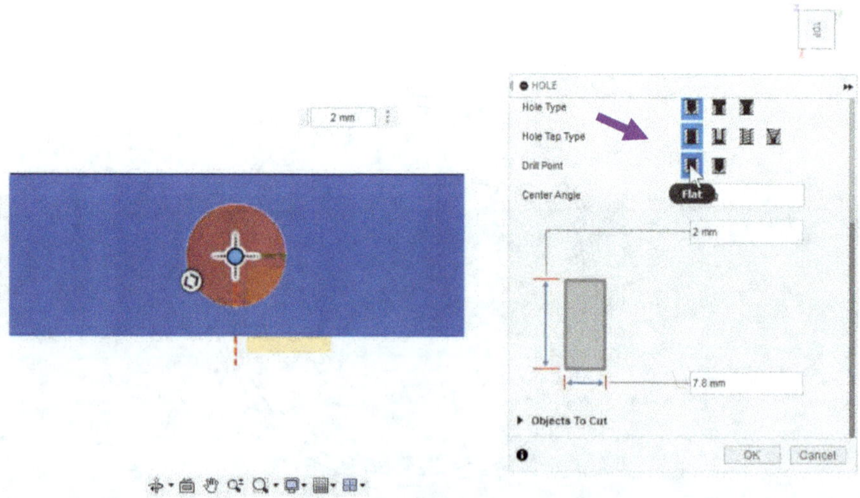

Per creare tutti gli altri fori, usiamo di nuovo la già nota funzione "Circular Pattern".

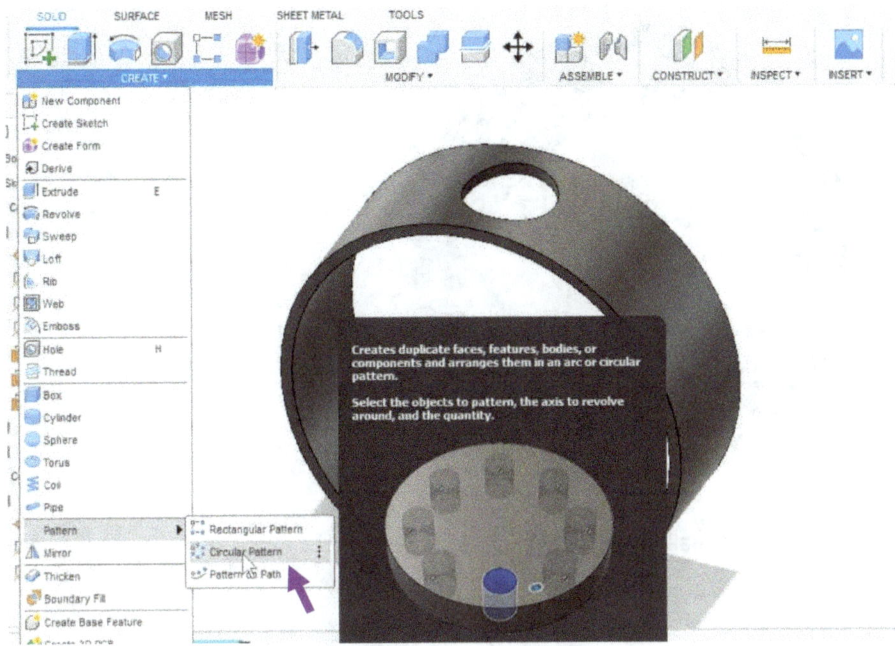

Nelle impostazioni del comando, cambia prima "Type" in "Features", cambia la selezione in "Objects" e poi seleziona la caratteristica del foro nella linea temporale.

Nel passo successivo, passa a "Axis" e seleziona l'asse x. Per esempio, abbiamo bisogno di 10 fori perché vogliamo 10 palline nel nostro cuscinetto a sfera.

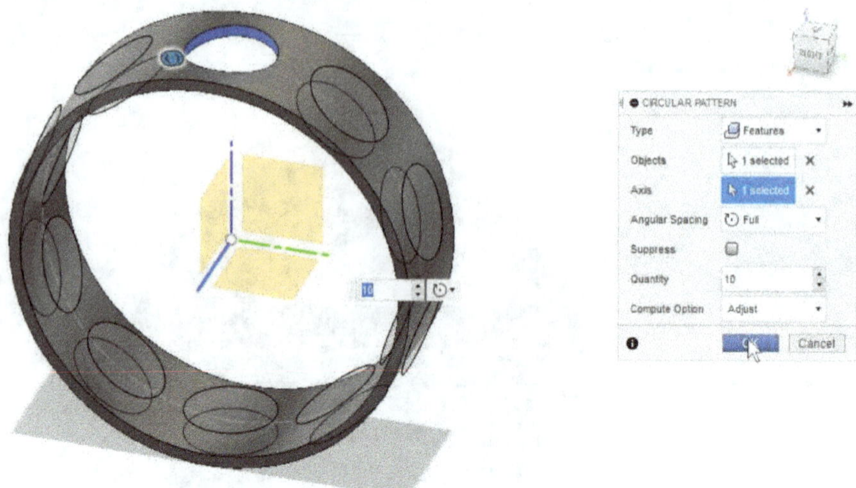

Poi la gabbia delle palline è pronta.

Prima di poter collegare tutti i componenti insieme usando i giunti, vogliamo creare l'ultimo componente, la sfera. Poi copiamo semplicemente questa sfera per 10 volte. Per questo usiamo l'elemento predefinito "Sphere" dal menu "Create".

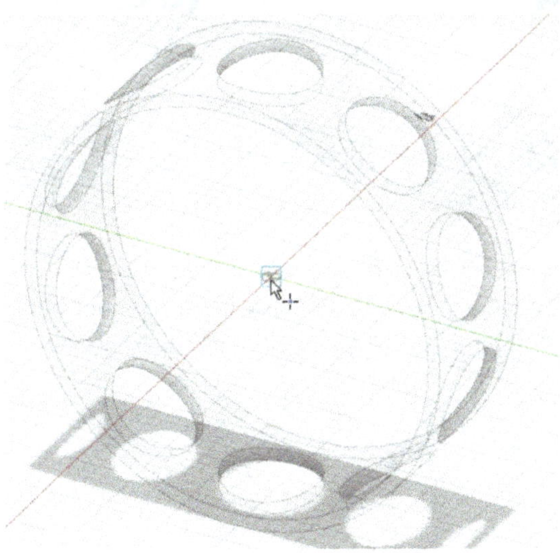

Dopo aver selezionato il comando, dobbiamo disegnare il diametro della sfera su un piano, ad esempio sul piano x-y, un diametro di 8 mm.

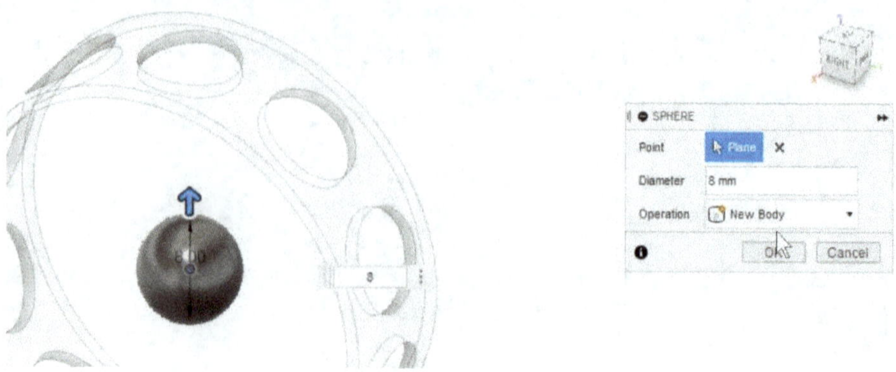

È così semplice! Nel passo successivo colleghiamo la prima palla con la gabbia della palla. Per fare questo, usiamo il comando "Joint" dal menu "Assemble".

Come già sappiamo dal corso Fusion Beginners, ora dobbiamo determinare un'origine del giunto su ciascuno dei due componenti da collegare e specificare il tipo di giunto. Per la sfera, mettiamo semplicemente l'origine del giunto al centro.

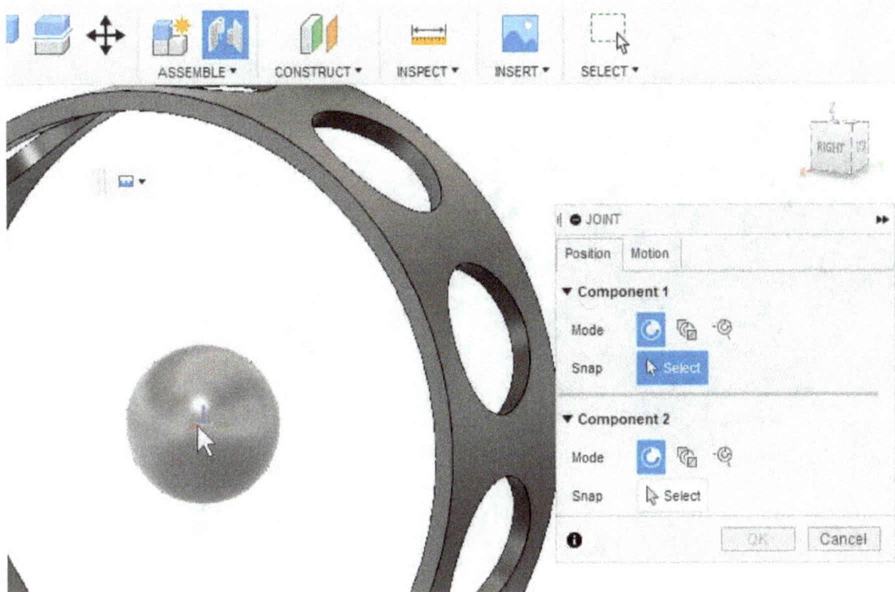

Per la gabbia di sfere, scegliamo il centro superiore di uno dei fori come origine del giunto.

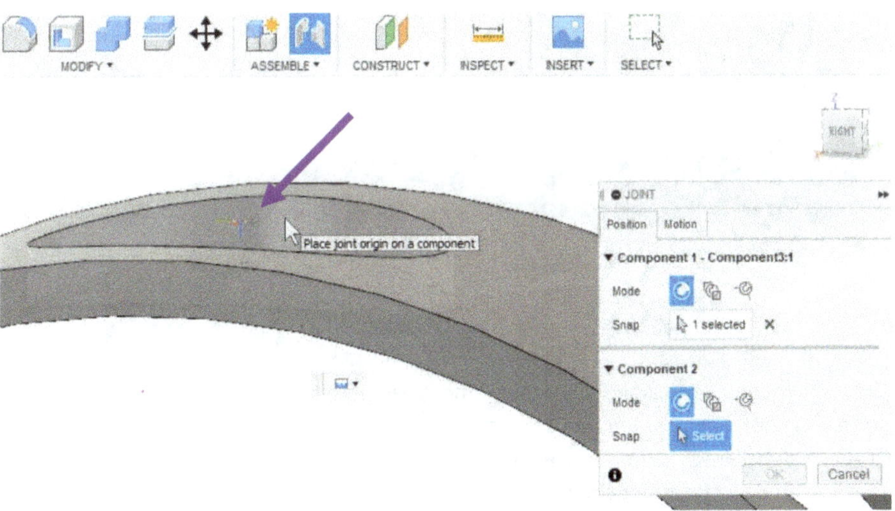

Affinché la palla sia esattamente al centro, ora dobbiamo aggiungere un offset di 0,5 mm nella direzione z nelle impostazioni.

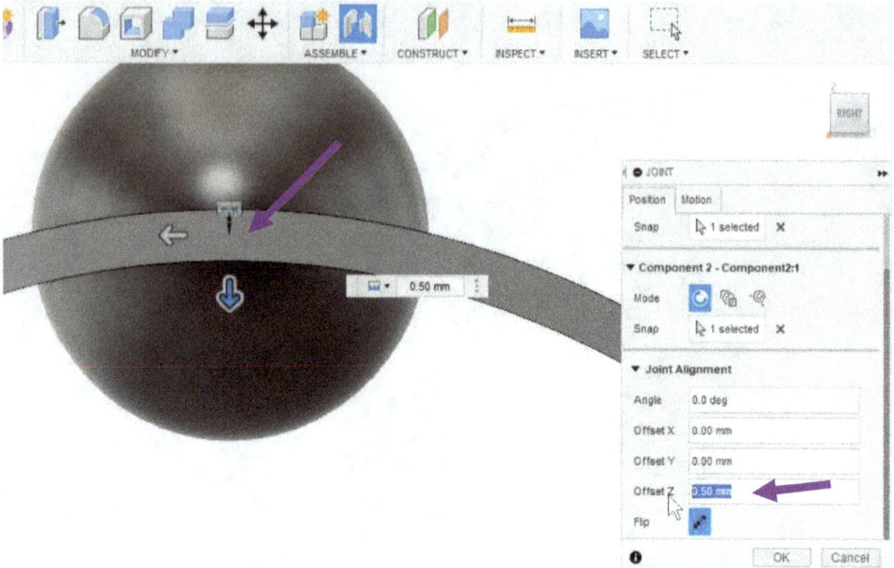

Scegliamo "Revolute" o "Ball" come tipo di giunto.

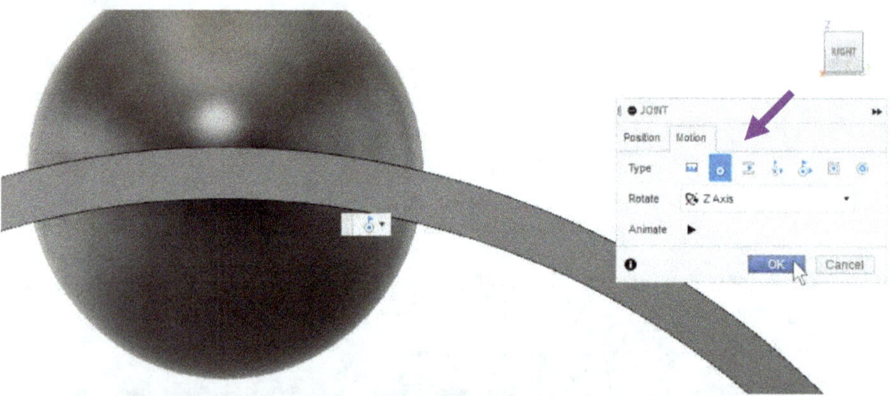

Ora ci mancano altre nove sfere. Creiamo questi copiando semplicemente la prima sfera. Per metterli nella giusta posizione, usiamo il comando "Circular Pattern". Come "Type" dobbiamo prima selezionare "Components" nelle impostazioni. Poi selezioniamo la sfera nell'albero della struttura con "Objects" e dopo aver cambiato asse nelle impostazioni, selezioniamo l'asse x rosso. Logicamente, abbiamo bisogno di 10 sfere.

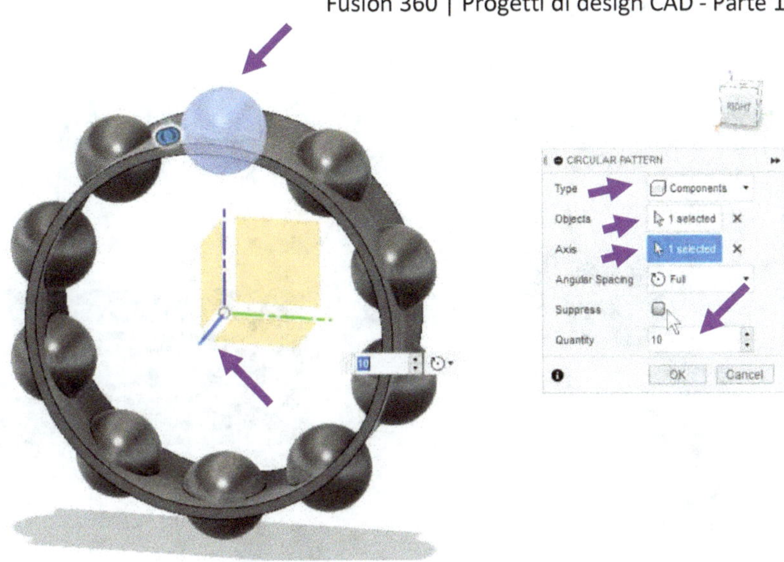

Sfortunatamente, anche se queste palline sono ora nella giusta posizione, non sono ancora collegate, cioè possiamo ancora muoverle nello spazio.

Per non dover creare manualmente un giunto per ogni sfera, usiamo un nuovo comando chiamato "Rigid Group", che si trova nel menu "Assemble". Con questo comando possiamo fissare la posizione relativa delle sfere come gruppo.

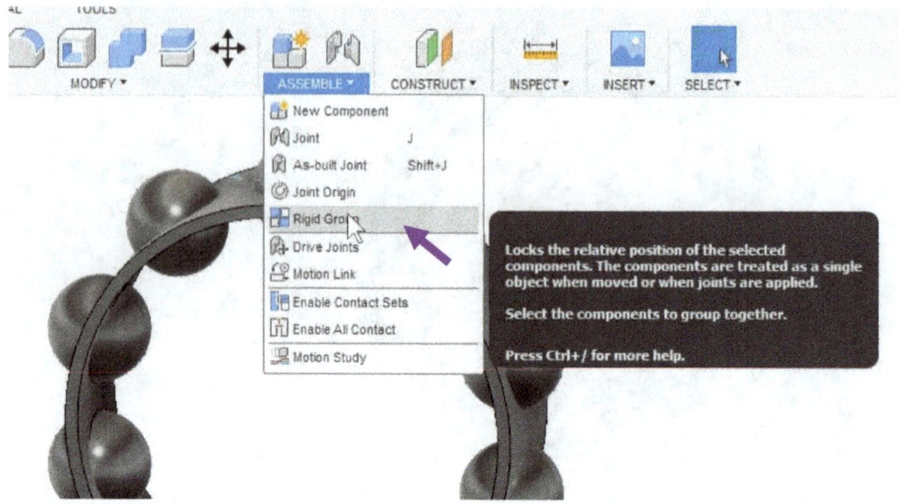

Per farlo, dobbiamo semplicemente selezionare tutte le palline, compresa quella che ha già un'articolazione, e confermare con "Ok".

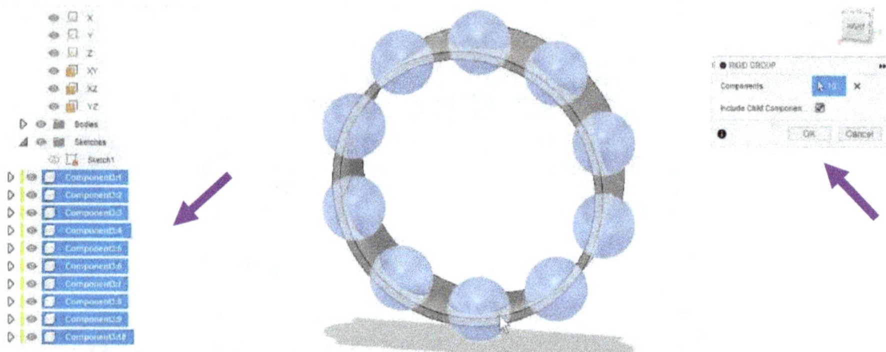

Ora le palle sono saldamente fissate. Per poter fare tutti gli altri collegamenti, mostriamo di nuovo gli anelli esterni e interni dei cuscinetti a sfera cliccando sui simboli degli occhi nell'albero della struttura. Creiamo poi un giunto tra i due anelli con cuscinetti a sfera posizionando l'origine del giunto al centro di ogni componente. Questo può richiedere un po' di pazienza per ottenere il punto giusto - il punto centrale.

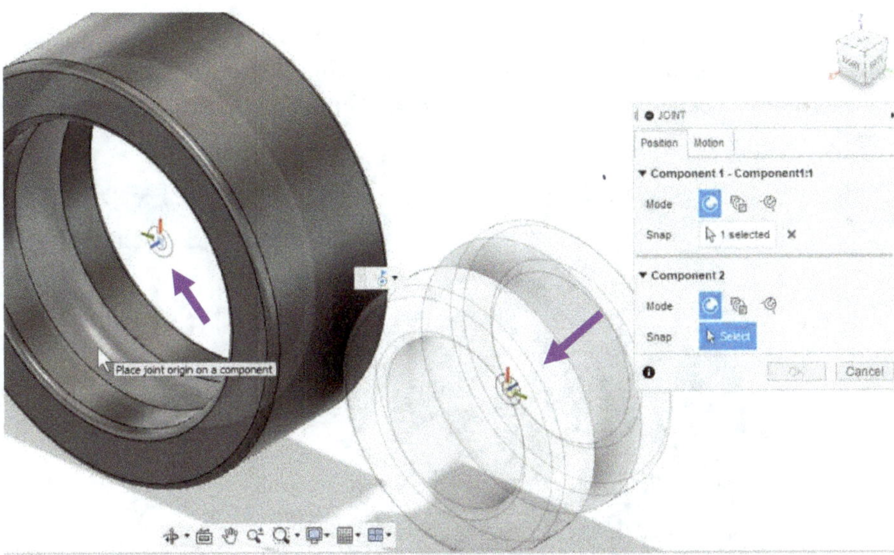

Scegliamo "Revolute" come tipo di giunto. Infine, colleghiamo la gabbia di sfere che include le sfere con i due anelli per cuscinetti a sfera. Per fare questo, procediamo nello stesso modo di prima. Posiziona le origini del giunto nei punti centrali e seleziona il tipo di giunto "Revolute".

Il cuscinetto a sfera è pronto! Superbamente fatto! Per vedere un po' di più, possiamo creare una vista in sezione in modo da poter guardare anche all'interno. Lo facciamo con "Section Analysis" dal menu "Inspect".

Dobbiamo poi selezionare il piano in cui vogliamo tagliare il componente, in questo caso ad esempio il piano x-y, in modo da poter guardare dall'alto. Se ora ruotiamo l'anello interno, possiamo vedere le sfere muoversi attraverso il cuscinetto. Fantastico, vero?

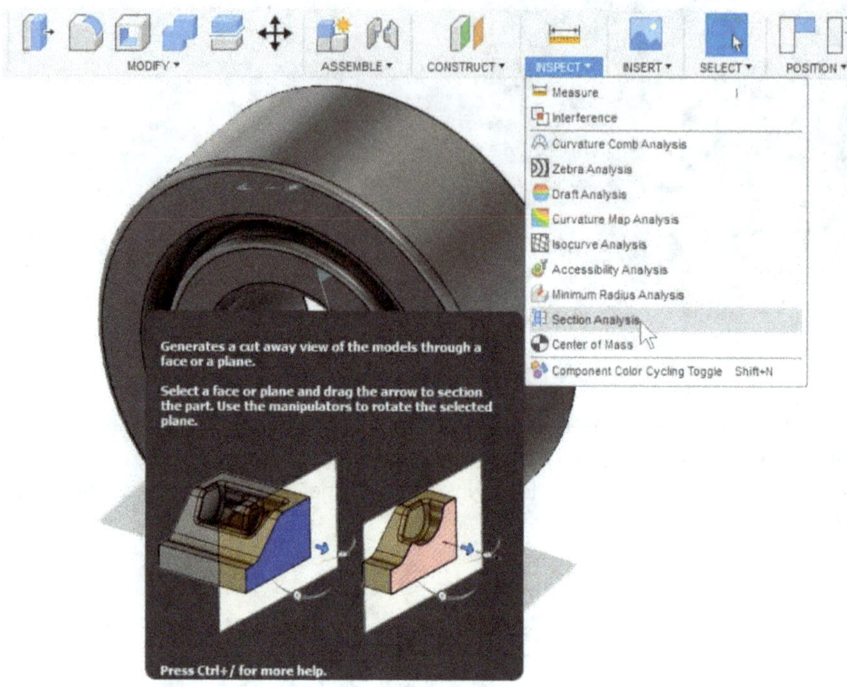

In alternativa o in aggiunta, possiamo anche influenzare la visualizzazione dell'anello esterno con un clic destro sul corpo nell'albero della struttura e "Opacity Control" per poter guardare all'interno.

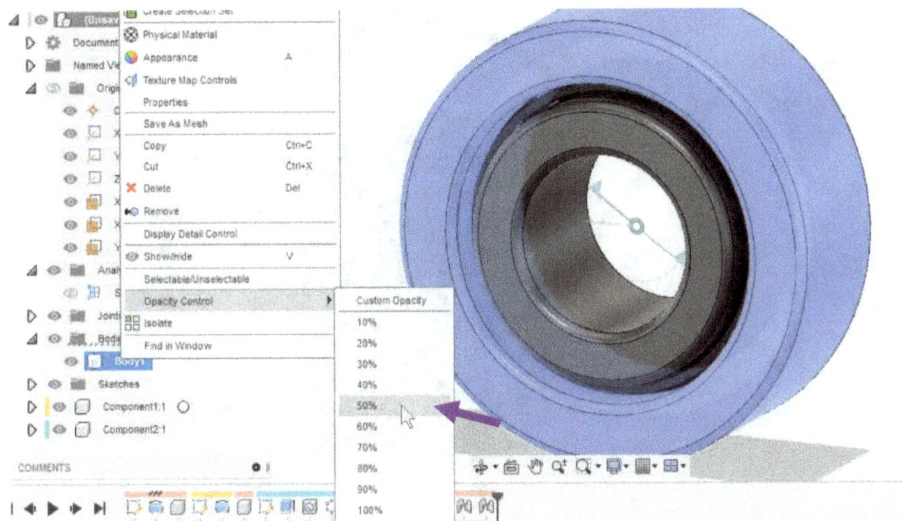

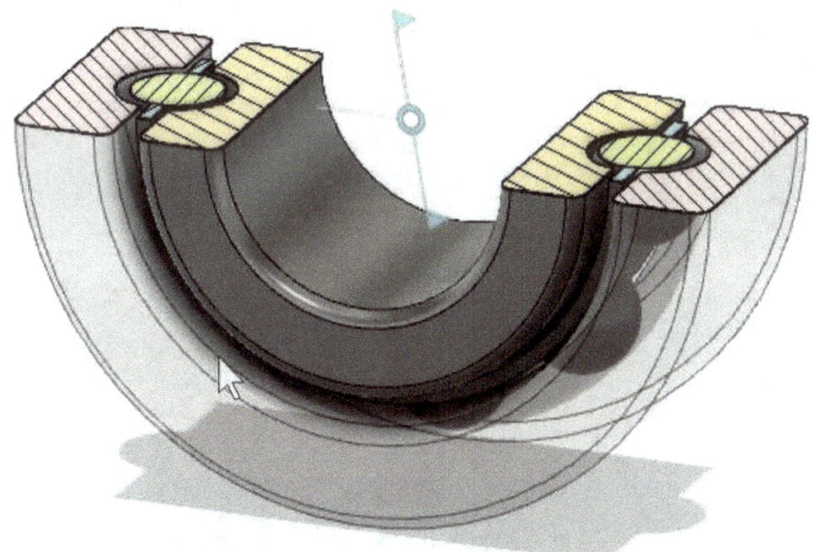

Il prossimo progetto di costruzione sarà un annaffiatoio, prima di tornare ad uno strumento dopo aver costruito un telecomando. Quindi abbiamo ancora molto da fare! Andiamo avanti.

9 Progetto 8: Annaffiatoio

Ora passiamo al prossimo progetto di design. Vorremmo costruire un annaffiatoio di design. Se scomponiamo mentalmente l'annaffiatoio finito nelle sue singole parti, possiamo vedere che abbiamo bisogno di un corpo base ovale e cavo con una rientranza nella zona superiore così come un collo nella zona anteriore e un manico, che aggiungeremo al corpo base in seguito. È sempre molto utile immaginare i singoli corpi di base e pensare a come costruirli. Per il corpo ovale che vogliamo estrudere, creiamo uno schizzo 2D sul piano x-y. Selezioniamo poi il comando "Ellisse" per disegnare il contorno ovale.

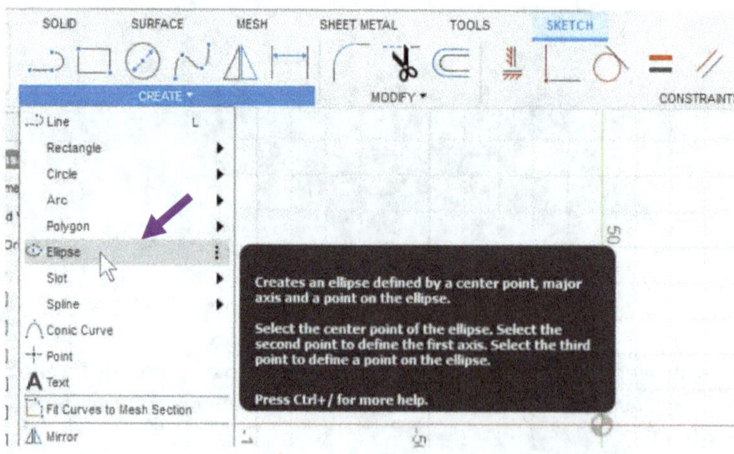

Partiamo dal punto centrale e dimensioniamo la larghezza dell'ellisse a 140 mm, l'altezza a 85 mm.

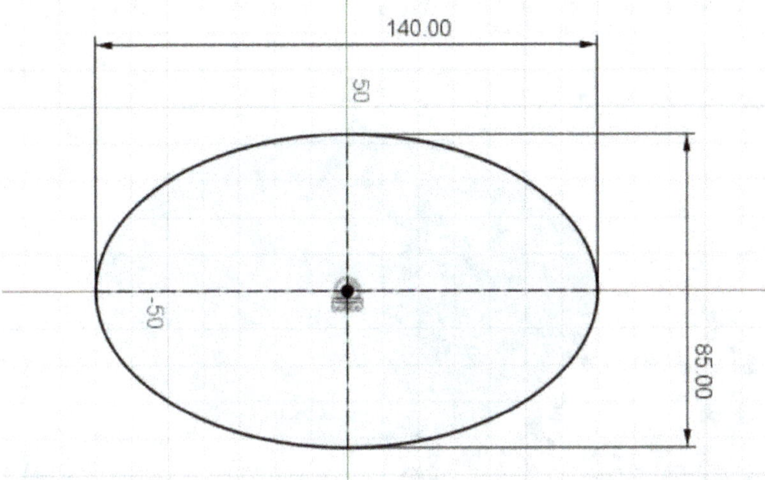

Ora possiamo già finire lo schizzo 2D. Ora usiamo la funzione "Extrusion" per creare il corpo base. L'annaffiatoio deve essere alto 160 mm.

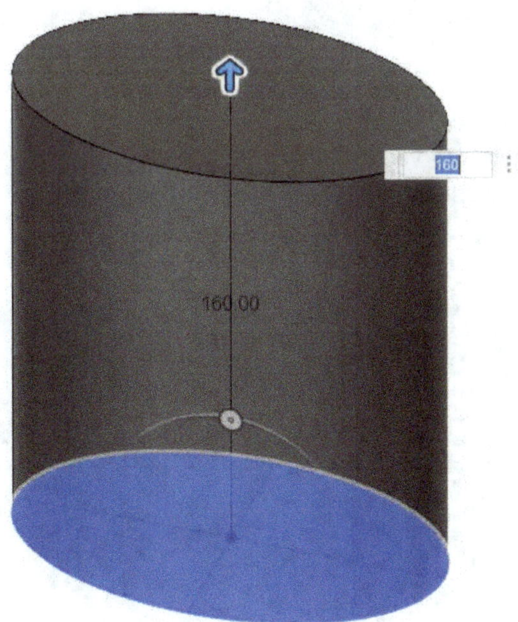

Per poter attaccare il collo anteriore dell'annaffiatoio, creiamo prima un piano parallelo al piano y-z con una distanza di 65 mm nel passo successivo. Il collo deve iniziare un po' all'interno dell'annaffiatoio per assicurare una transizione corretta, come vedremo più avanti.

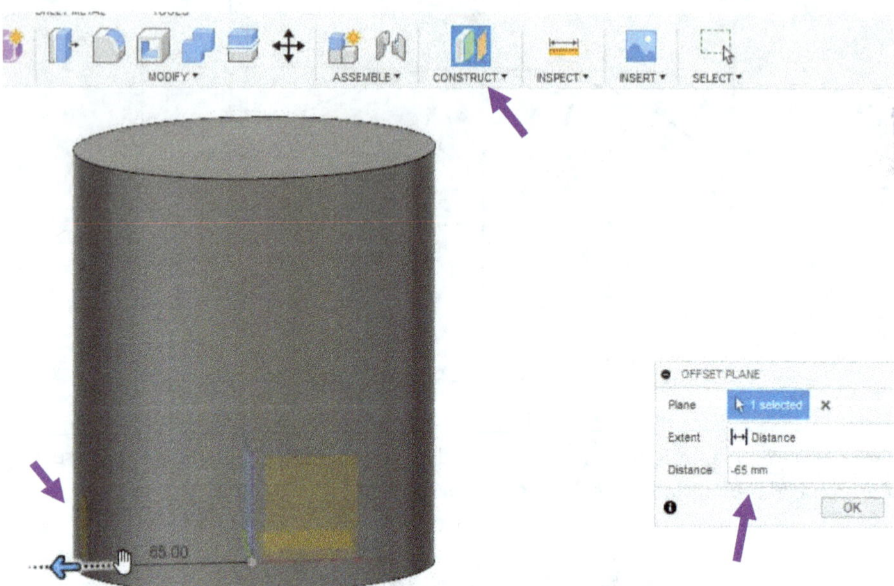

Su questo piano disegniamo di nuovo un'ellisse come profilo di base per il collo dell'annaffiatoio. Questa ellisse dovrebbe stare 20 mm sopra il fondo dell'annaffiatoio e avere un collegamento verticale all'origine. Le dimensioni dell'ellisse dovrebbero essere le seguenti: 10 mm di larghezza e 20 mm di altezza.

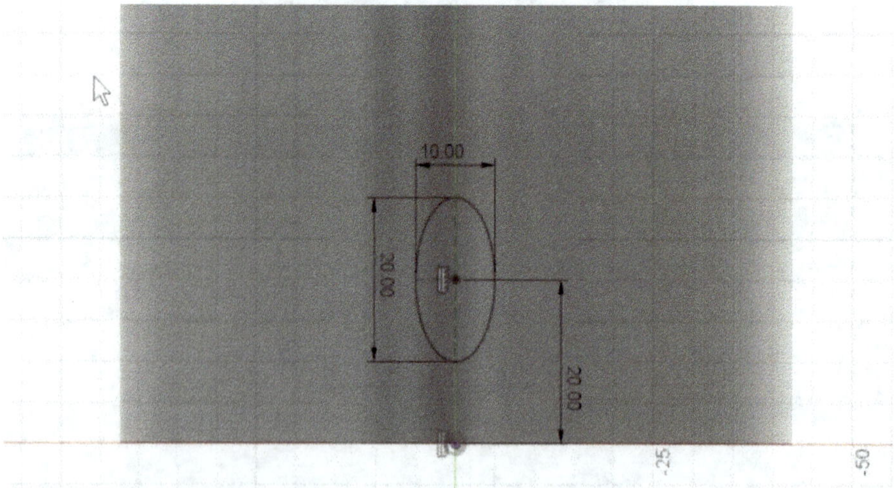

Poi possiamo finire lo schizzo. Vogliamo creare il collo della lattina utilizzando la funzione "Sweep". Come ricorderai dal corso per principianti, abbiamo sempre bisogno di un profilo e di un percorso per questa funzione. Prima di disegnare questo percorso, aggiungiamo il confine anteriore del collo dell'annaffiatoio. Per fare questo, creiamo un piano "offset" di -180 mm rispetto al piano y-z e disegniamo un'altra ellisse su di esso nell'area superiore.

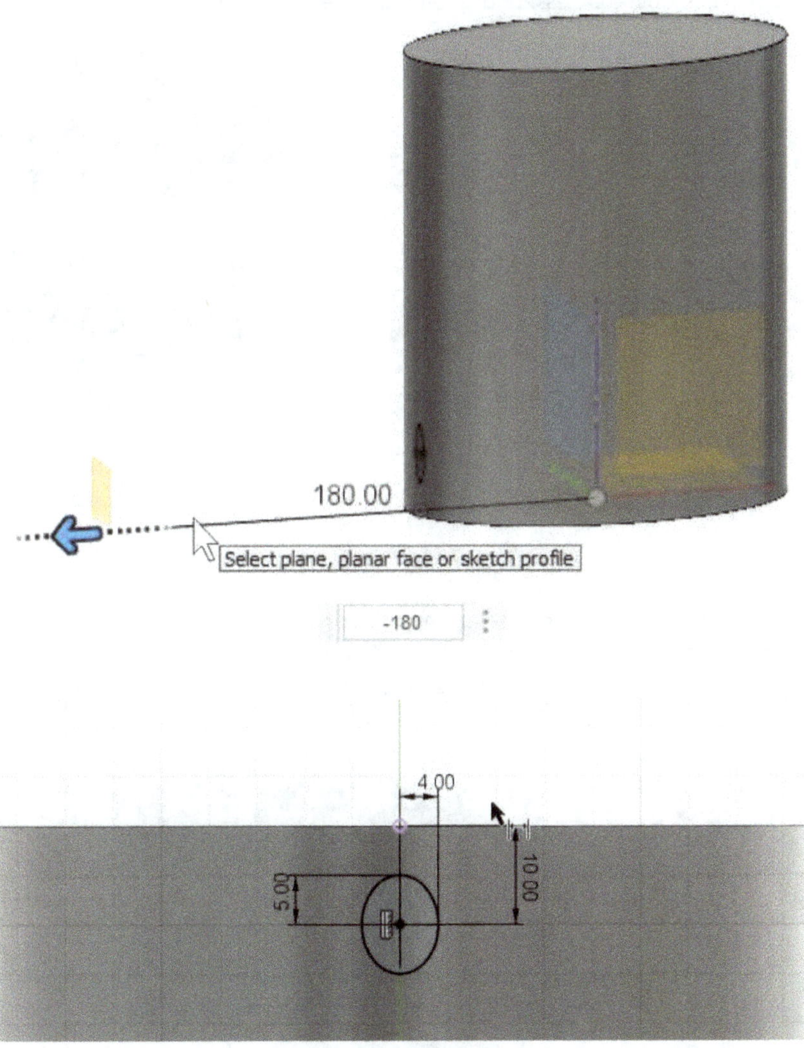

Potremmo anche semplicemente disegnare un punto, dato che abbiamo bisogno di questo schizzo solo per la posizione finale del percorso, come vedremo tra un momento. Quindi disegniamo un'ellisse con qualsiasi dimensione e la colleghiamo verticalmente con l'origine. La distanza verticale dal bordo superiore dell'annaffiatoio dovrebbe essere di 10 mm. Dopo aver finito lo schizzo, possiamo iniziare un nuovo schizzo sul piano x-z in cui disegnare il percorso per il comando "Sweep". Ora disegniamo semplicemente una connessione tra i due schizzi precedenti per il percorso, sotto forma di un arco di 3 punti, in modo da soddisfare anche i requisiti del progetto. I punti di inizio e fine devono trovarsi sui centri delle due ellissi precedentemente abbozzate, potrebbe essere necessario creare dei collegamenti coincidenti per questo. Il raggio dell'arco dovrebbe essere di 245 mm, per esempio.

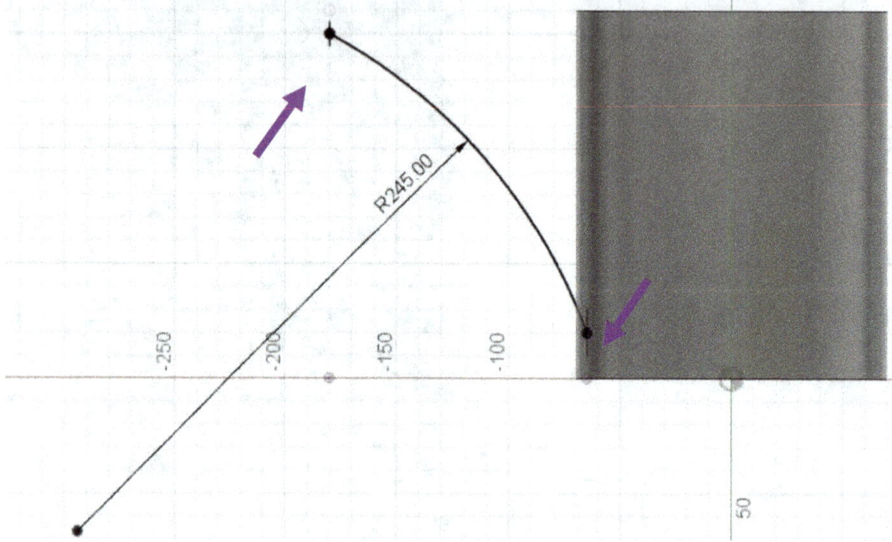

Poi possiamo finire lo schizzo e selezionare il comando "Sweep". Dobbiamo quindi selezionare prima il profilo del collo dell'annaffiatoio e nel secondo passo, dopo aver cambiato la selezione in "Path" nelle impostazioni, selezionare il percorso che corrisponde al nostro arco.

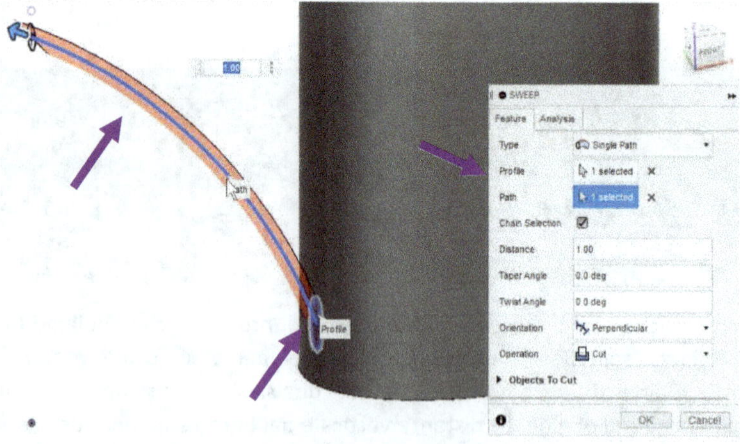

Per ruotare il beccuccio all'estremità anteriore di 180 gradi, possiamo quindi impostare una torsione di 180 gradi nelle impostazioni "Twist Angle". Infine, dobbiamo cambiare l'"Operation" in "Join" in modo che il materiale venga creato.

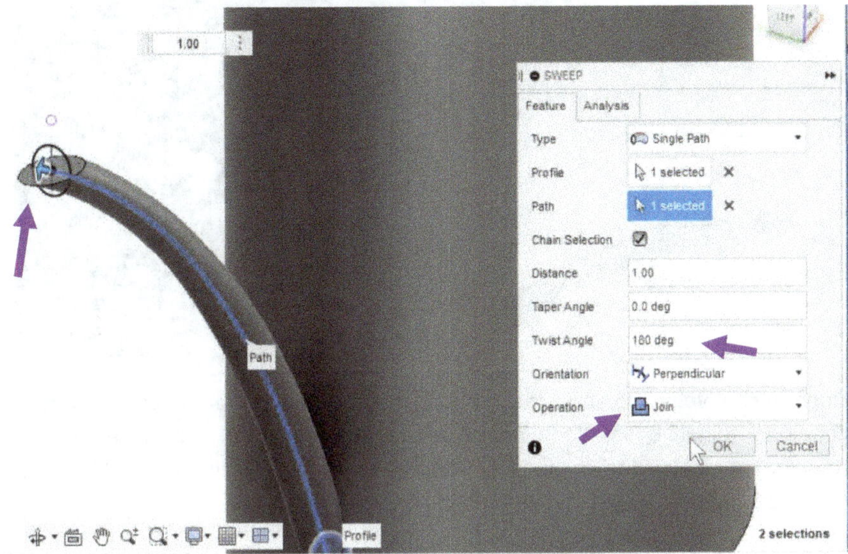

Nel passo successivo creiamo la depressione ovale sulla superficie superiore dell'annaffiatoio, che sarà poi l'apertura di riempimento. Per fare questo, disegniamo un'ellisse con le seguenti dimensioni e come mostrato sulla superficie superiore.

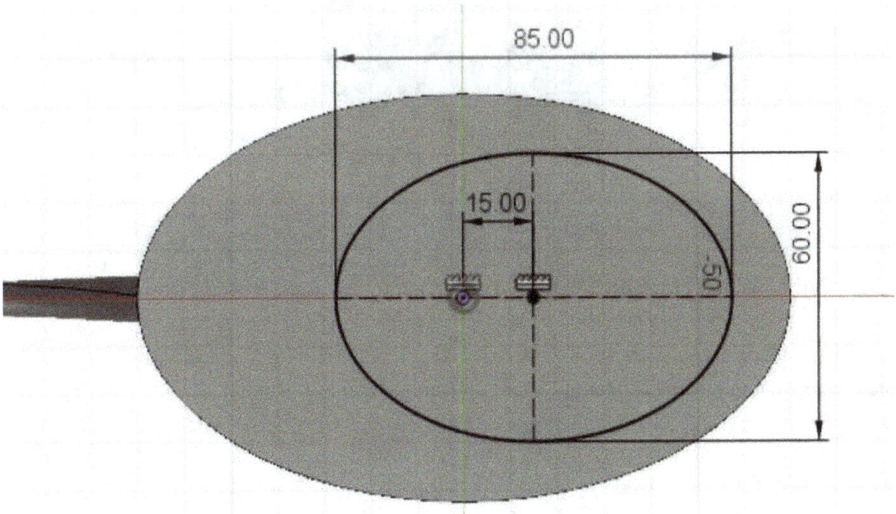

Poi estrudiamo questo profilo a -3 mm all'interno dell'annaffiatoio.

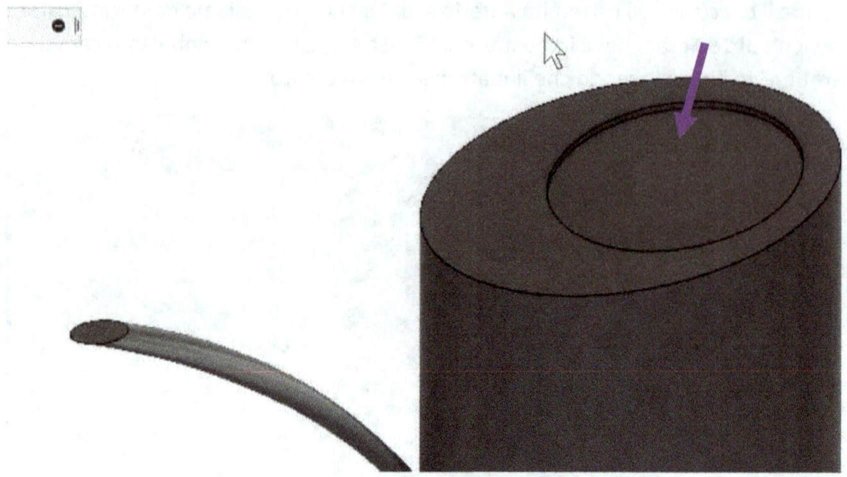

Dopo di che, vogliamo scavare il corpo di base. Come facciamo? Esattamente, con il comando "Shell"! Seleziona il comando, seleziona la superficie dell'area di riempimento, seleziona anche la superficie superiore del collo della lattina e definisci uno spessore della parete di per esempio 1,5 mm.

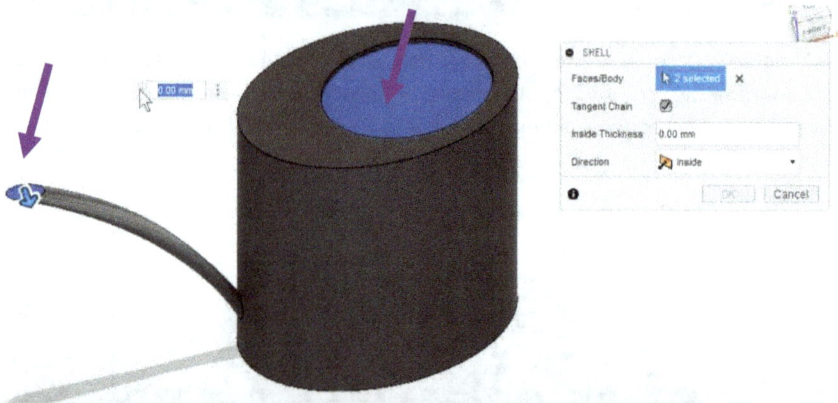

Ora siamo relativamente avanti, manca solo la maniglia. Creiamo il manico relativamente simile al collo dell'annaffiatoio. Quindi di nuovo con la funzione "Sweep". Come profilo disegniamo un'ellisse nella zona posteriore su un piano "offset", che dovrebbe avere una distanza di 68 mm dal piano y-z.

L'ellisse dovrebbe quindi essere larga 15 mm e alta 7 mm, avere una distanza verticale dall'origine di 15 mm ed essere collegata al centro.

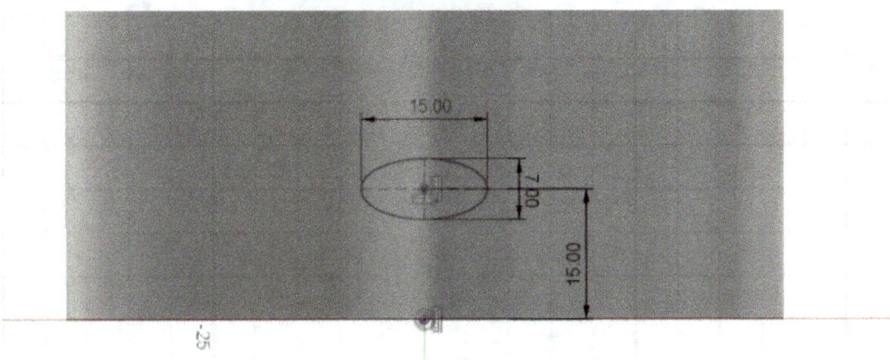

Finiamo lo schizzo e poi creiamo il percorso iniziando uno schizzo sul piano x-z. Il manico dell'annaffiatoio deve essere relativamente affusolato e curvo in termini di design. Iniziamo prima con una semplice linea obliqua che deve iniziare al centro dell'ellisse che abbiamo disegnato prima. Potresti aver bisogno di creare un collegamento coincidente. Per la maniglia disegniamo relativamente liberamente, quindi salviamo la maggior parte delle dimensioni per ora e poi definiamo il profilo in un modo diverso più tardi. Aggiungiamo poi un arco di 3 punti tra il punto finale della linea obliqua e la linea centrale. Nell'area inferiore, l'arco dovrebbe essere tangente alla linea, altrimenti puoi disegnarlo come vuoi.

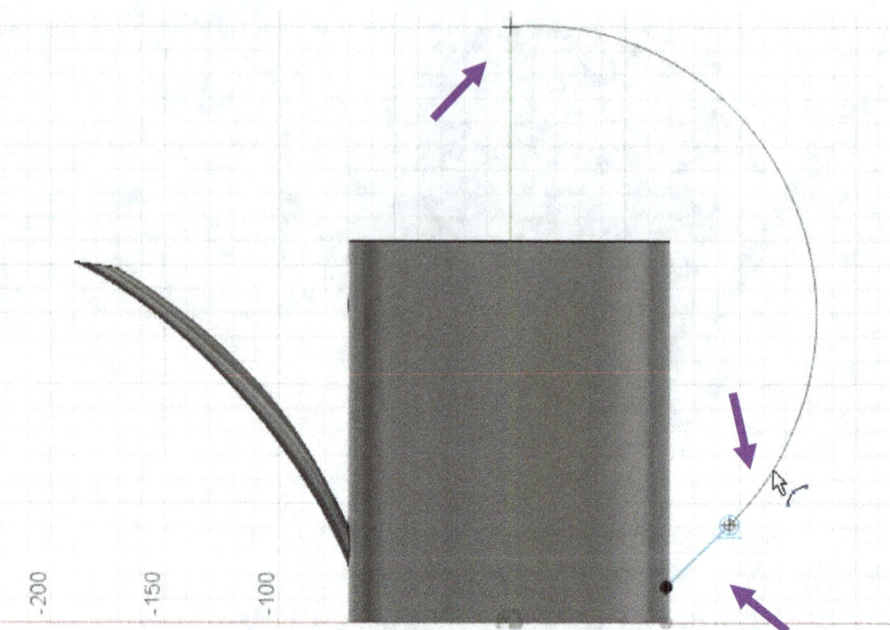

Poi aggiungiamo un'altra linea diagonale nella zona superiore anteriore dell'annaffiatoio. Questo deve iniziare all'interno in modo che i bordi della maniglia siano modellati correttamente in seguito. Abbiamo dimensionato una distanza di 4 mm dal punto dell'angolo superiore anteriore per questo. Completeremo il percorso con altri due archi di 3 punti, che metteremo di nuovo tangenti l'uno all'altro.

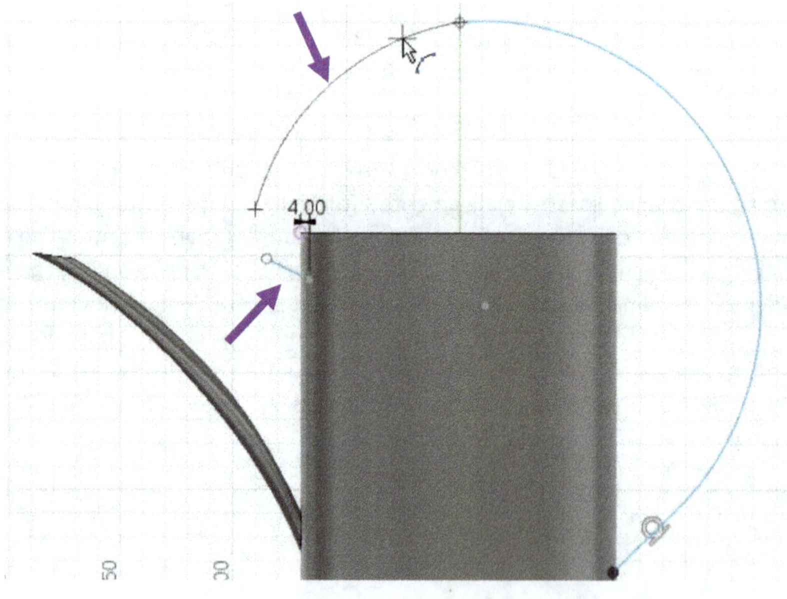

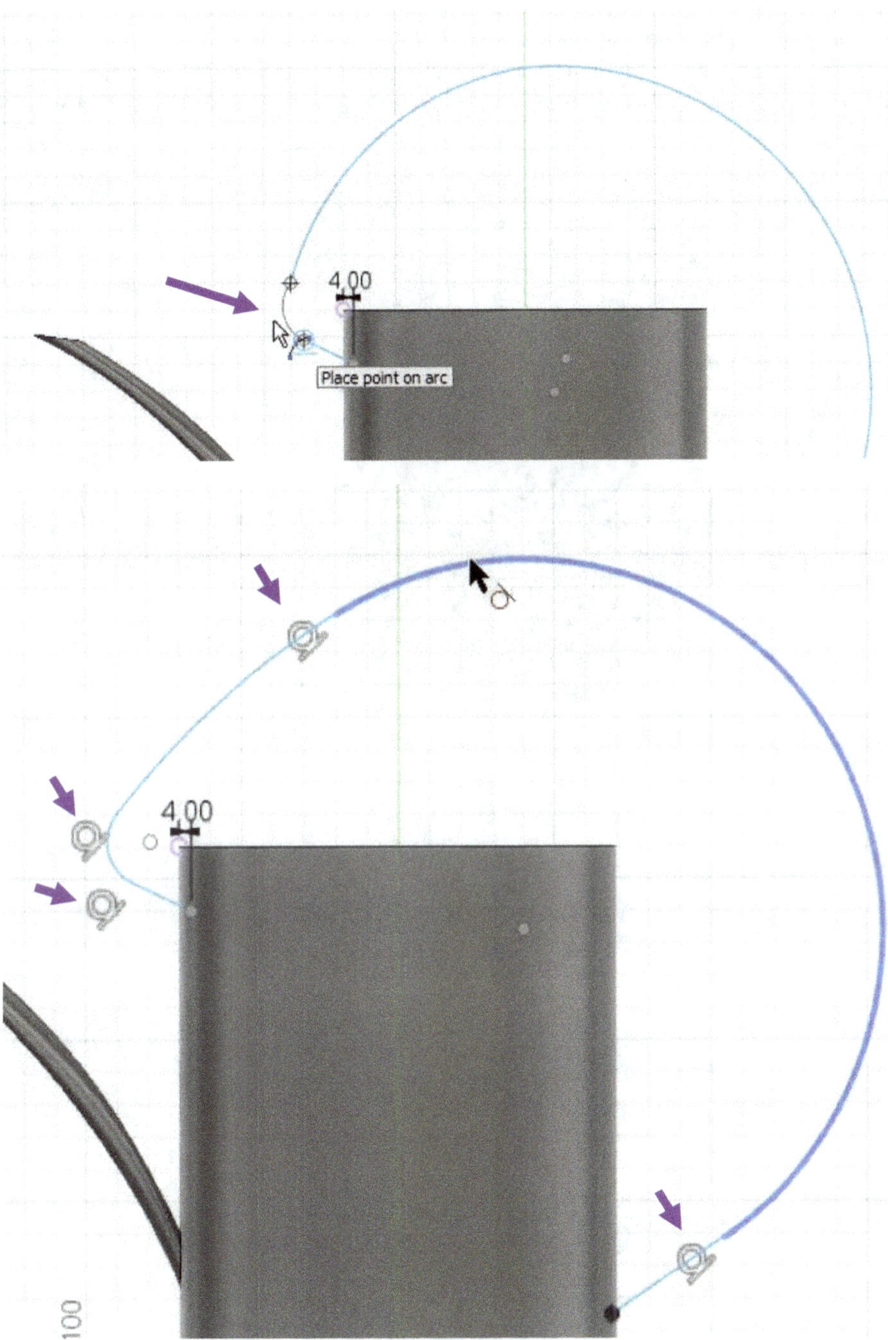

Il dimensionamento relativamente complesso per la definizione completa del profilo è ora semplicemente inutile. Dato che fondamentalmente non abbiamo specifiche di dimensione e abbiamo disegnato a mano libera, questo è anche giustificabile. Per definire il profilo nella posizione corrente, usiamo il "Constraint": "Fix". Contrassegna tutte le sezioni del profilo inclusi i punti d'angolo e seleziona il piccolo simbolo di blocco nei "Constraints".

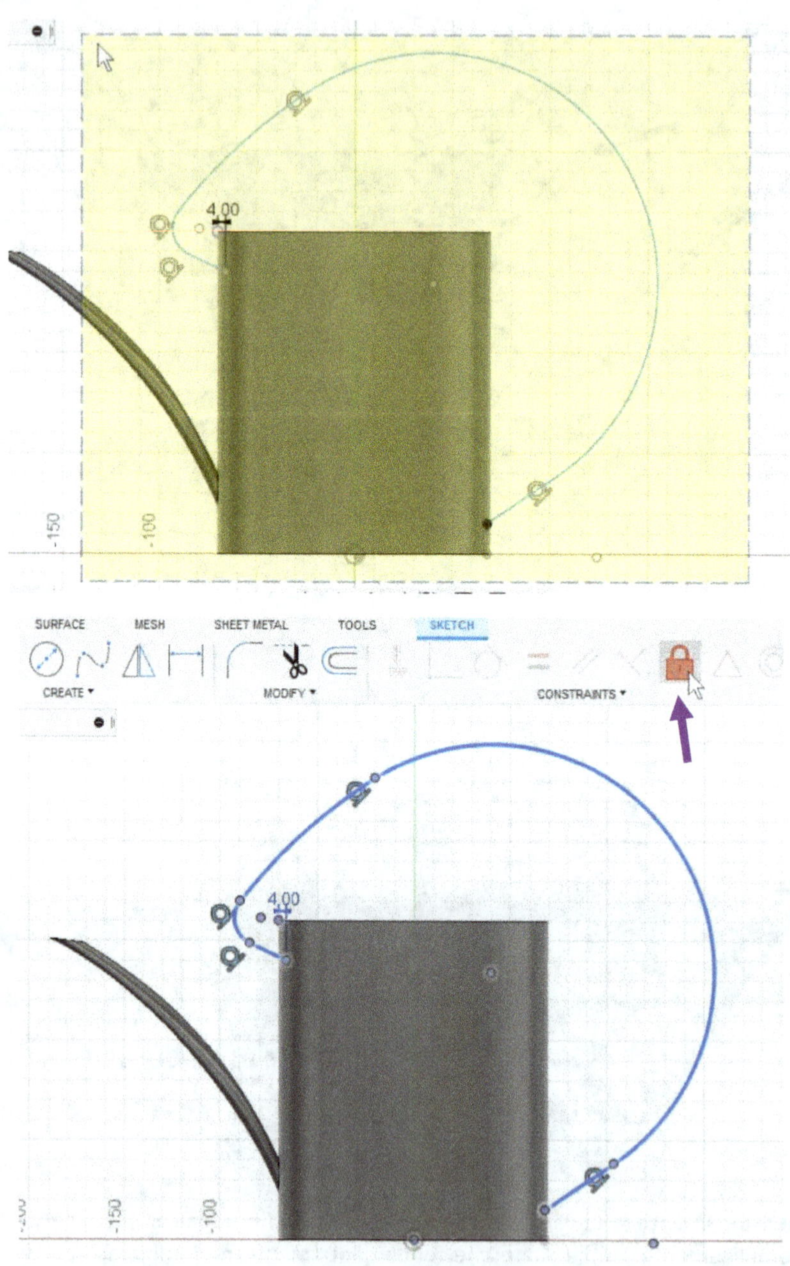

Il profilo poi diventa verde ed è completamente fissato nel piano. Questo è il modo facile o veloce per definire completamente uno schizzo. Dopo aver finito lo sketch, possiamo creare la maniglia con il comando "Sweep". Per farlo, seleziona il profilo e il percorso come prima.

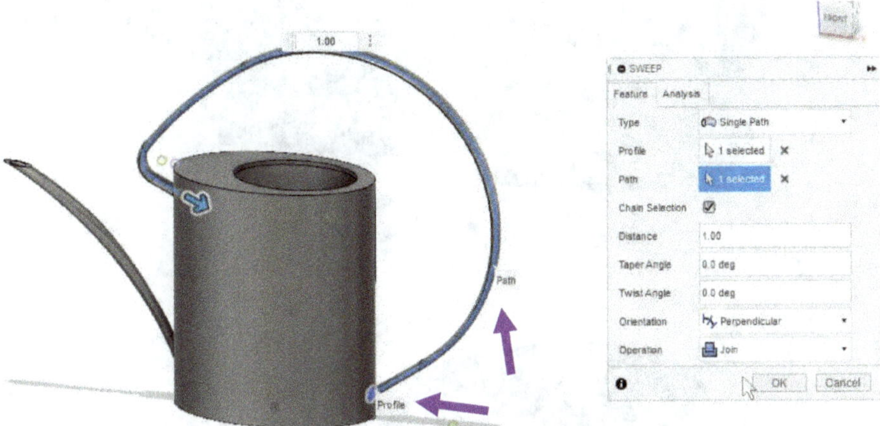

Nel penultimo passo creiamo alcuni filetti come segue: 5 mm per il bordo inferiore, anche 5 mm per i due bordi superiori, 2 mm per i bordi delle parti del canale di colata e 0,5 mm per il beccuccio della lattina.

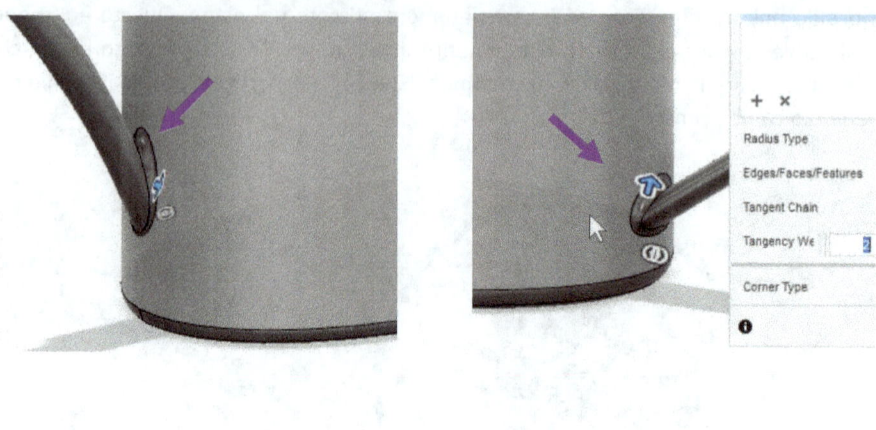

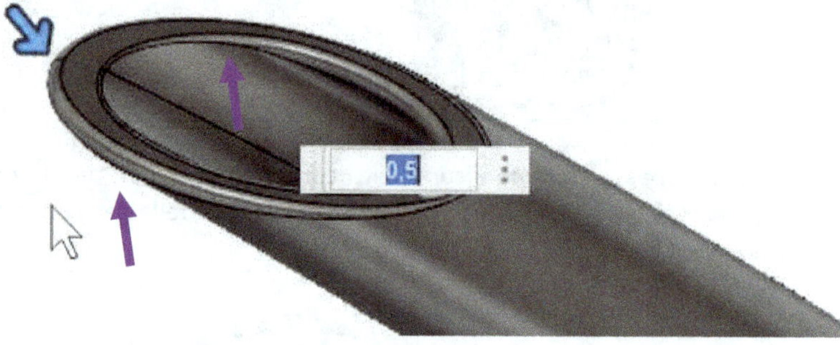

Se poi diamo un'occhiata all'interno dell'annaffiatoio, notiamo che i resti del manico sporgono all'interno; questi sono necessari affinché il comando "Sweep" possa modellare correttamente il manico sulle curve esterne. Ora possiamo semplicemente eliminare questi resti cliccando con il tasto destro del mouse e selezionando "Delete".

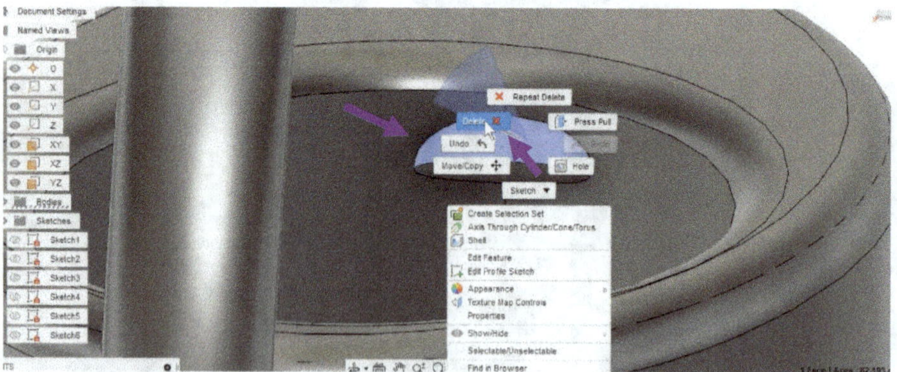

Eccellente! Come ultimo passo, vorremmo cambiare un po' l'aspetto. Per esempio, potremmo scegliere l'aspetto di una superficie di plastica verde brillante.

L'annaffiatoio è pronto. Ora puoi stamparlo con una stampante 3D. Se sei interessato a questo argomento, è meglio usare il mio corso per principianti di stampa 3D!

Nel prossimo capitolo costruiremo un mock-up di un telecomando.

10 Progetto 9: Controllo remoto

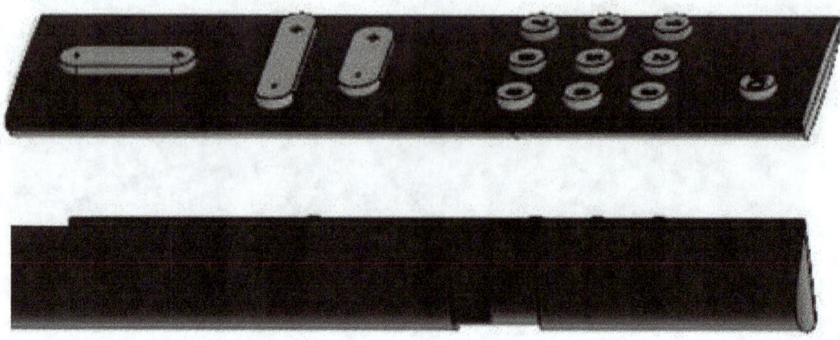

In questo capitolo vogliamo costruire un telecomando che avrà un vano batterie con un coperchio scorrevole e alcuni pulsanti. Normalmente, un tale telecomando non è costruito in un unico pezzo, ma da diverse parti stampate ad iniezione. In questo caso, però, costruiremo solo un manichino, che faremo da un unico pezzo. Per il corpo base, che ha una forma ovale e che creeremo per estrusione, abbiamo prima bisogno di uno schizzo 2D sul piano x-y. Iniziamo per la forma della sezione trasversale con due linee verticali lunghe 2 mm, una delle quali viene posta a sinistra e una a destra dell'origine. La distanza tra queste due linee dovrebbe essere di 40 mm. La distanza dall'origine dovrebbe essere di 20 mm in modo che le linee siano simmetriche rispetto alla linea centrale. Creiamo anche un collegamento orizzontale tra il punto di partenza della linea e l'origine. Poi c'è un arco a 3 punti che collega la parte inferiore e dovrebbe avere un raggio di 25 mm.

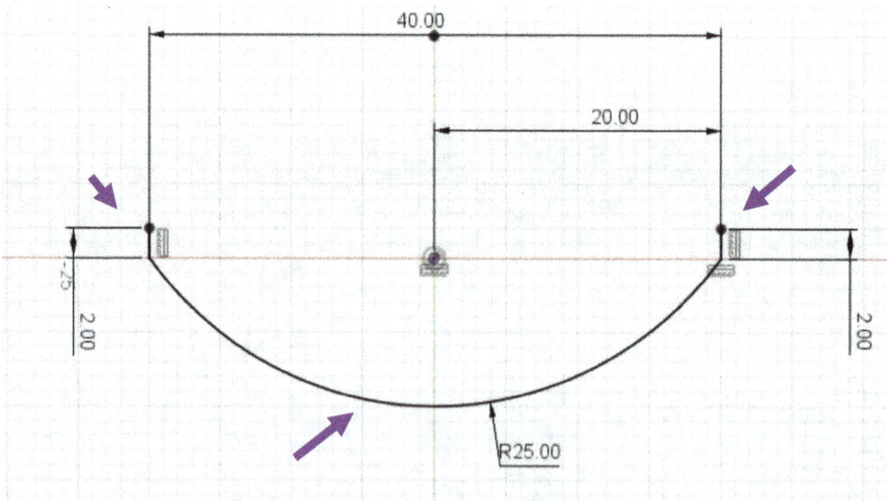

Posizioniamo un altro arco con un raggio di 200 mm sul lato superiore. Infine arrotondiamo i quattro bordi rimanenti con 1 mm ciascuno.

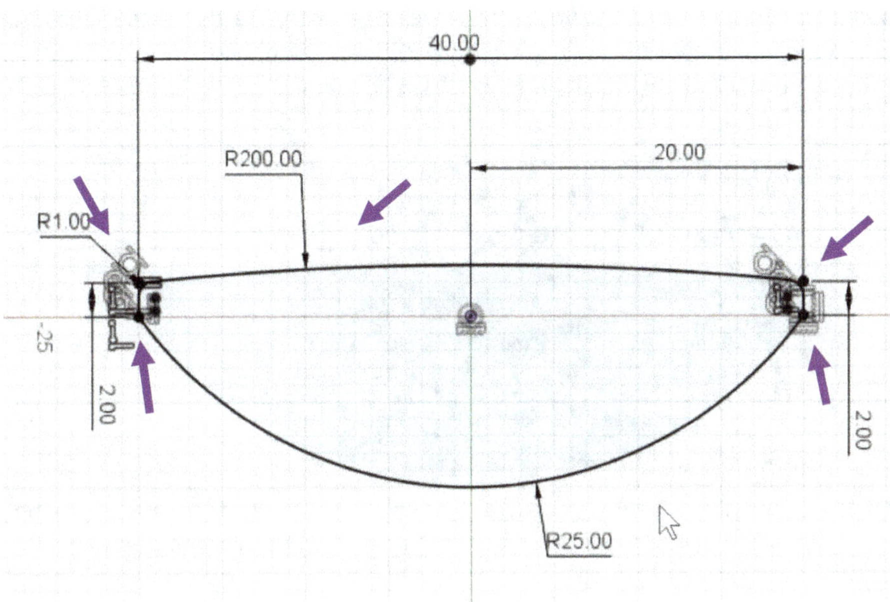

Poi segue un'estrusione simmetrica con una spaziatura di 75 mm in modo che il nostro corpo base prenda forma.

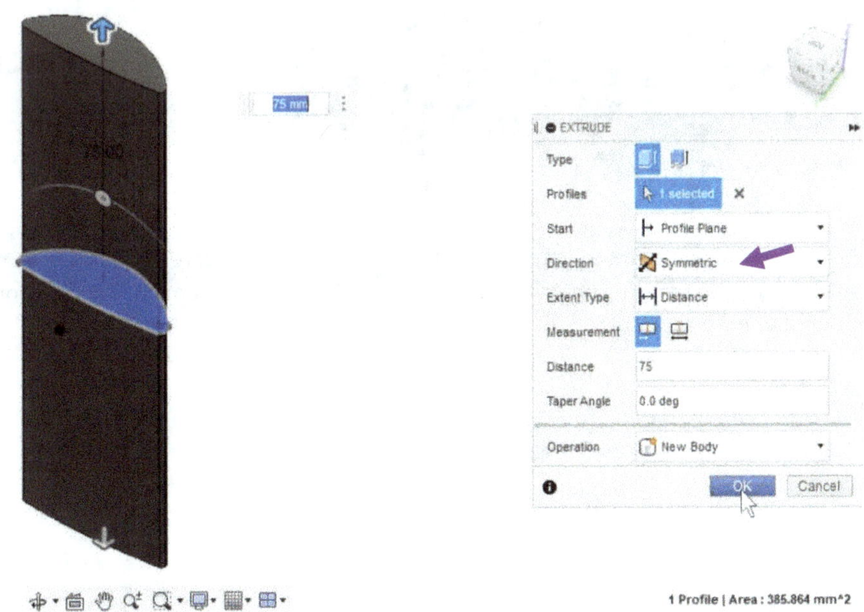

Vogliamo smussare un po' la superficie superiore del telecomando. Lo facciamo con un profilo sulla superficie laterale, che poi usiamo per rimuovere il materiale dal corpo base. Disegniamo il profilo sul piano y-z nell'area superiore del telecomando. La geometria di partenza è una linea orizzontale i cui punti di partenza e di fine sono posizionati casualmente sul bordo superiore del telecomando - come mostrato.

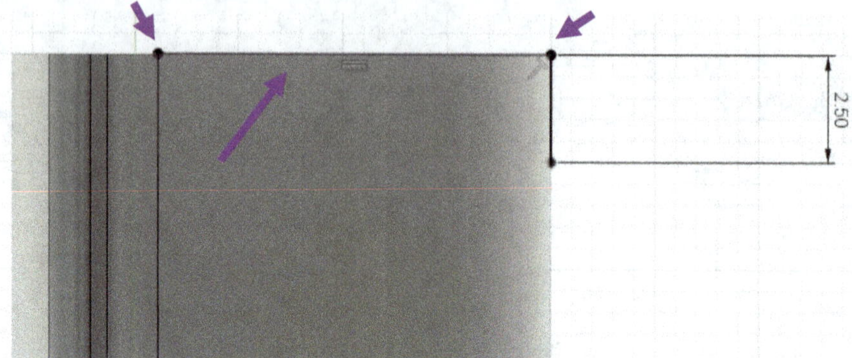

Poi disegniamo una linea verticale lunga 2,5 mm lungo il bordo destro e colleghiamo i due punti finali rimanenti della geometria con un arco di 3 punti. A questo viene dato un raggio di 40 mm.

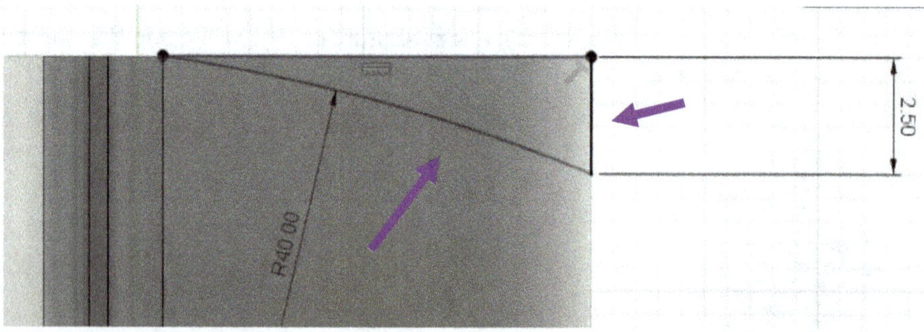

Ora che abbiamo disegnato sul piano centrale, dobbiamo estrudere il profilo dal centro ad esempio -20 mm con l'opzione "Symmetric" e "Cut". Ora abbiamo un lato del ponte coerentemente appiattito.

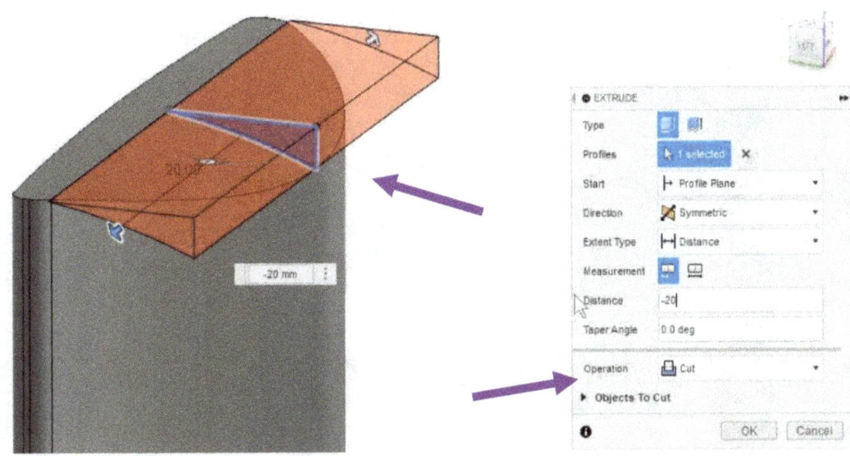

Poi creiamo un piano "offset" di 20 mm per fare uno schizzo per il taglio del coperchio della batteria.

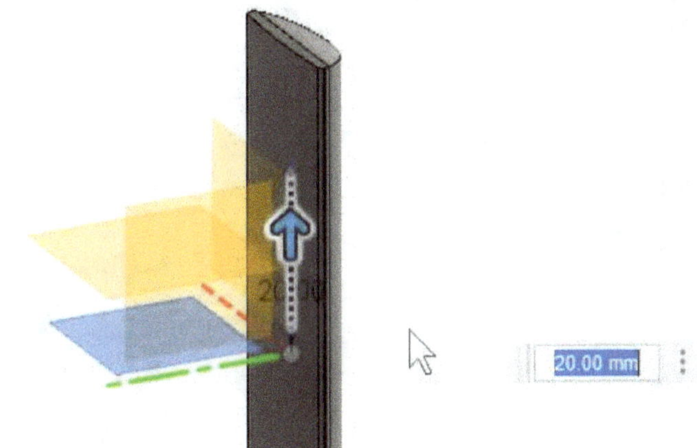

A questo livello delineiamo il seguente profilo:

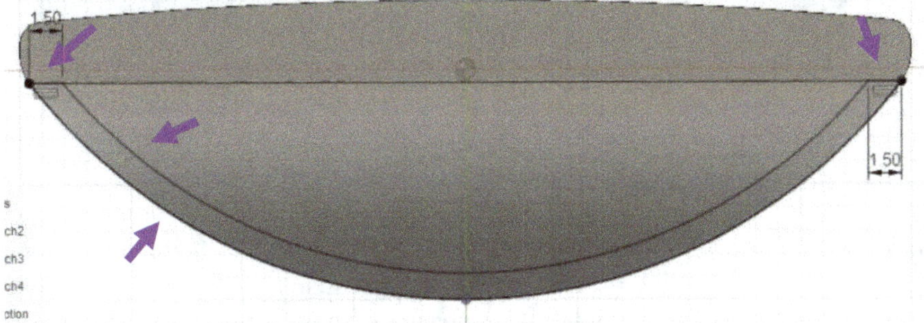

Abbiamo poi tagliato via -95 mm dal fondo di questo profilo in modalità 3D utilizzando un'estrusione.

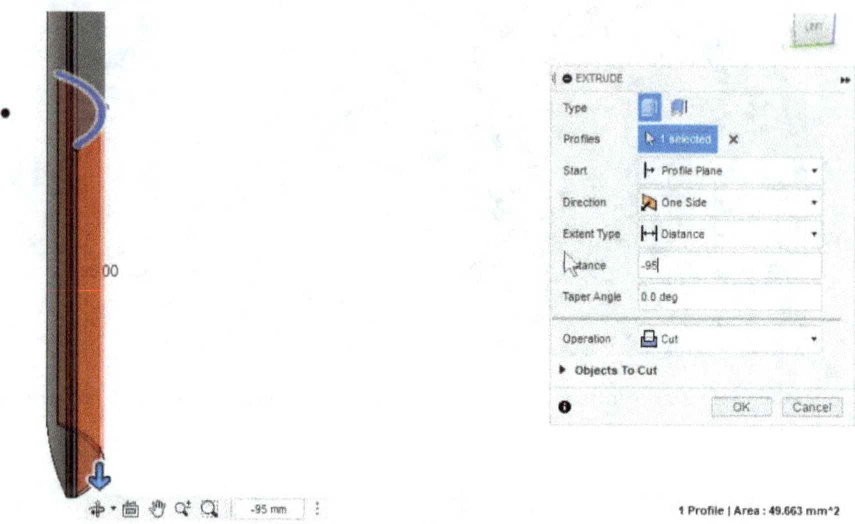

Nel passo successivo usiamo di nuovo lo stesso profilo per creare un nuovo corpo o un nuovo componente per il coperchio. Prima di tutto, scegliamo: corpo.

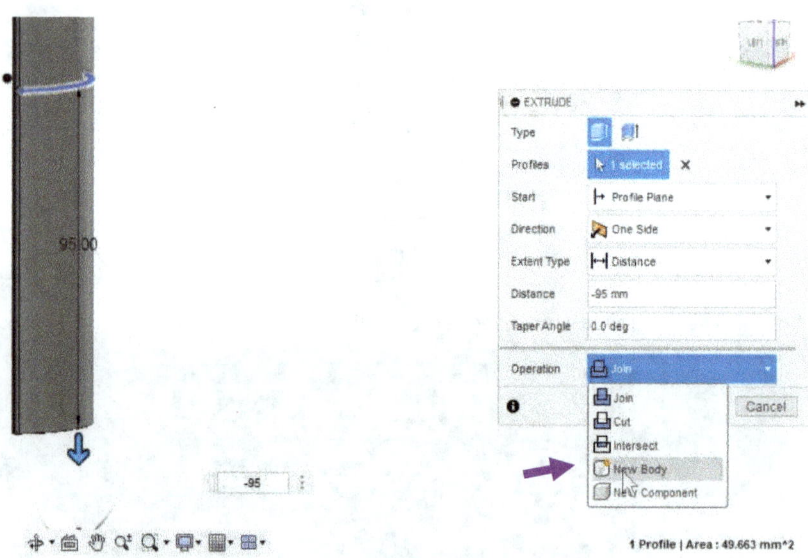

Come possiamo vedere ora, abbiamo due corpi separati, ma dato che sono corpi, non possiamo allontanarli l'uno dall'altro. Quindi non possiamo creare un'articolazione neanche qui. Ma dato che queste sono due parti separate, vogliamo creare una giunzione. Quindi sarebbe meglio impostare "componente". Ma non preoccuparti, non abbiamo fatto questo passo invano, ora useremo il comando "New Component" e metteremo un segno di spunta in "From Bodies" per creare un nuovo componente dal corpo.

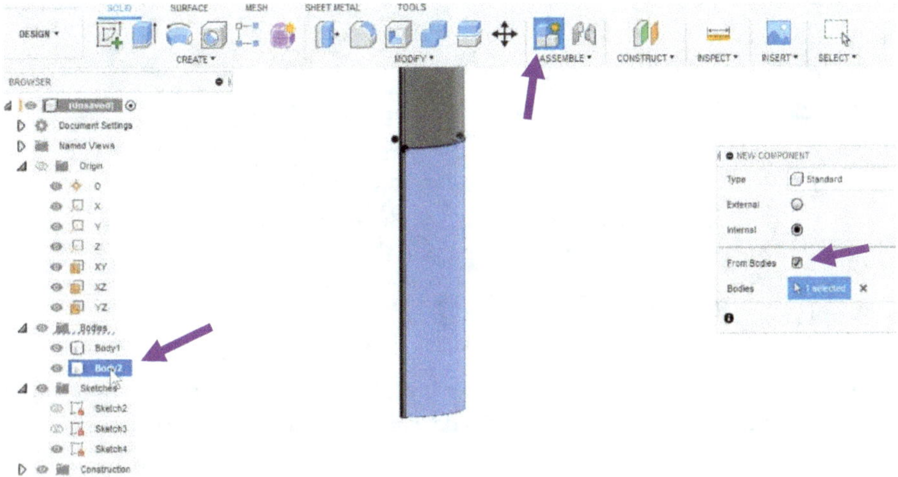

Nell'albero della struttura vediamo poi che il secondo corpo non è più presente, ma al suo posto è stato aggiunto un componente. Ora possiamo collegare i due componenti con un giunto. Per fare questo, selezioniamo, per esempio, le seguenti origini del giunto e il tipo di giunto "Slider".

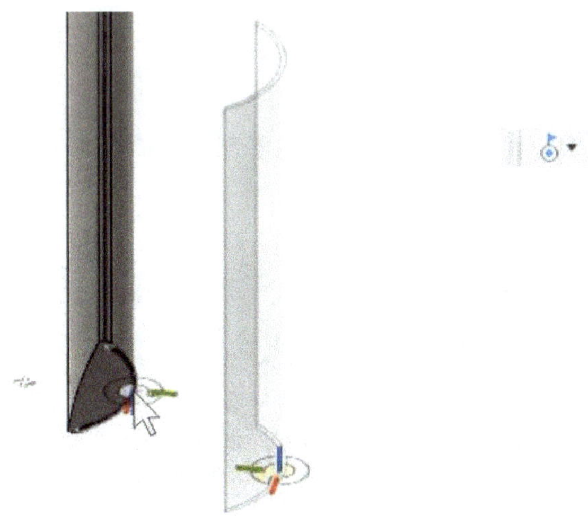

Per il punto di arresto superiore, dobbiamo poi impostare il punto finale cliccando con il tasto destro del mouse sul giunto nella timeline o nell'albero della struttura e selezionando "Edit Joint Limits".

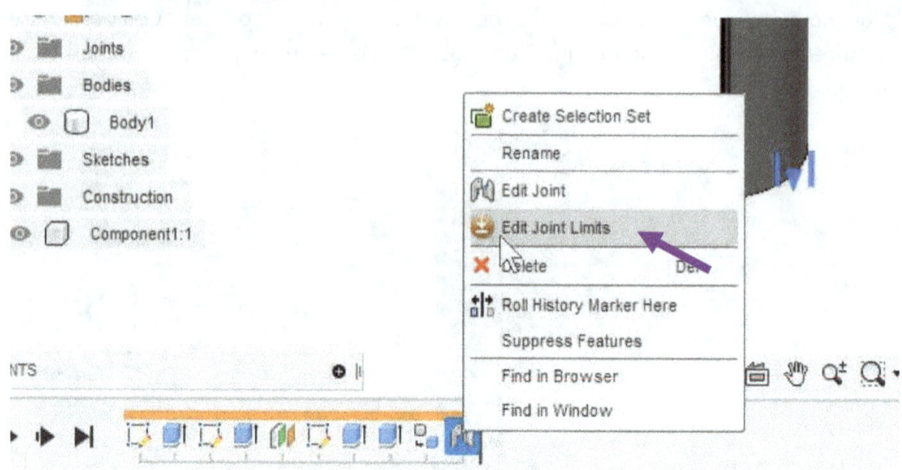

Questo funziona attivando l'opzione "Minimum". Il valore impostato di 0 mm si adatta già perché abbiamo collegato il coperchio del vano batterie nello stato chiuso.

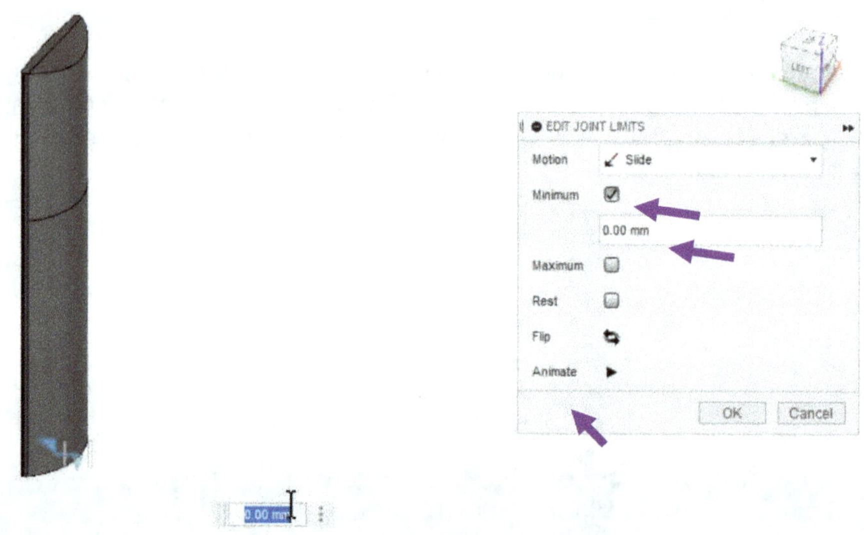

Con un clic su "Animate" nelle impostazioni possiamo convincerci della correttezza. Ora possiamo solo spostare il coperchio della batteria fino al punto di arresto superiore.

Poi creiamo un ritaglio per rappresentare il vano batteria. Per questo creiamo un piano parallelo al piano x-z con una distanza di -2,5 mm. Su questo piano disegniamo il seguente profilo rettangolare:

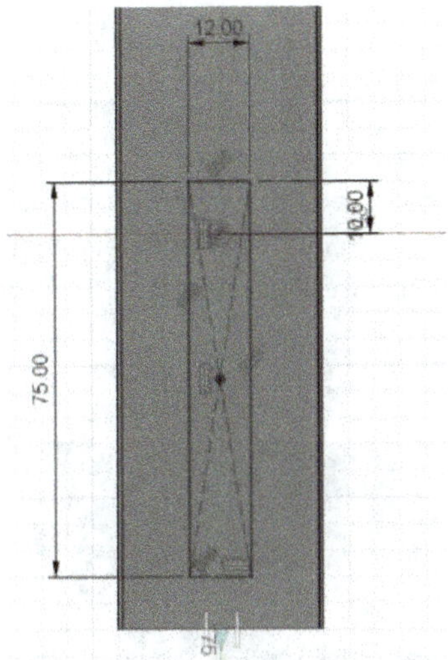

Prima di estrudere il profilo rettangolare, dobbiamo prima spingere il coperchio in modo che non venga tagliato per errore. Poi tagliamo -10 mm con il comando "Estrusion" e otteniamo il vano batteria in questo modo.

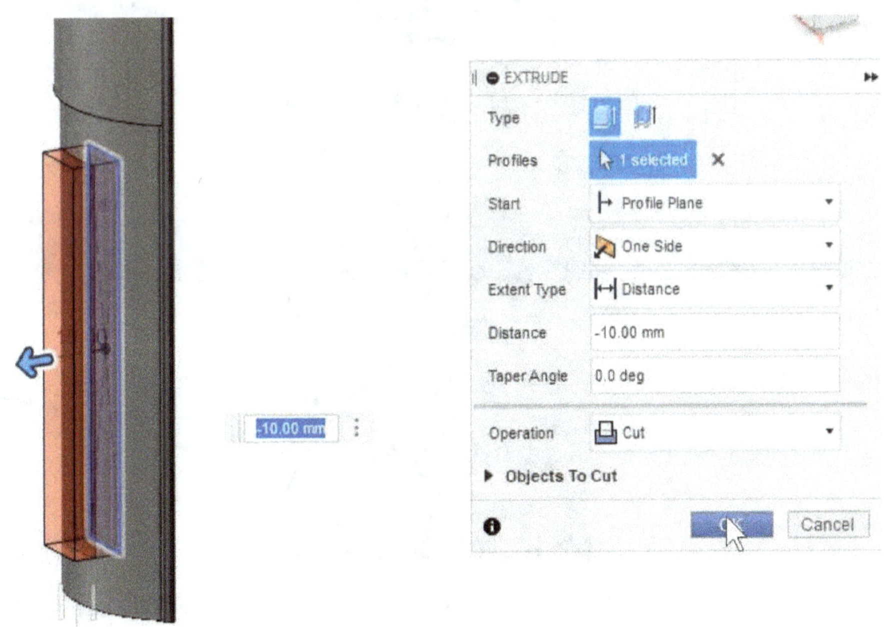

Affinché la parte anteriore non rimanga vuota come lo è ancora, ora ci mettiamo al lavoro sugli schizzi per i pulsanti del telecomando. Per fare questo, disegniamo sul piano x-z. Quindi estrudiamo dall'interno. Dobbiamo farlo perché la superficie frontale del telecomando è curva. Se dovessimo disegnare su questa superficie curva, le

93

transizioni laterali dei pulsanti non sarebbero legate alla superficie. Prova questo per fare pratica e capirai cosa intendo.

Quindi, come ho detto, facciamo uno schizzo sul piano x-z. Per il primo pulsante, il pulsante on/off, disegniamo un cerchio con un diametro di 7 mm in alto a destra e posizioniamo il cerchio a 9 mm o 65 mm dall'origine. Anche il prossimo pulsante ha un cerchio di 7 mm, che dovrebbe essere posizionato a 12,5 mm o 45 mm dall'origine.

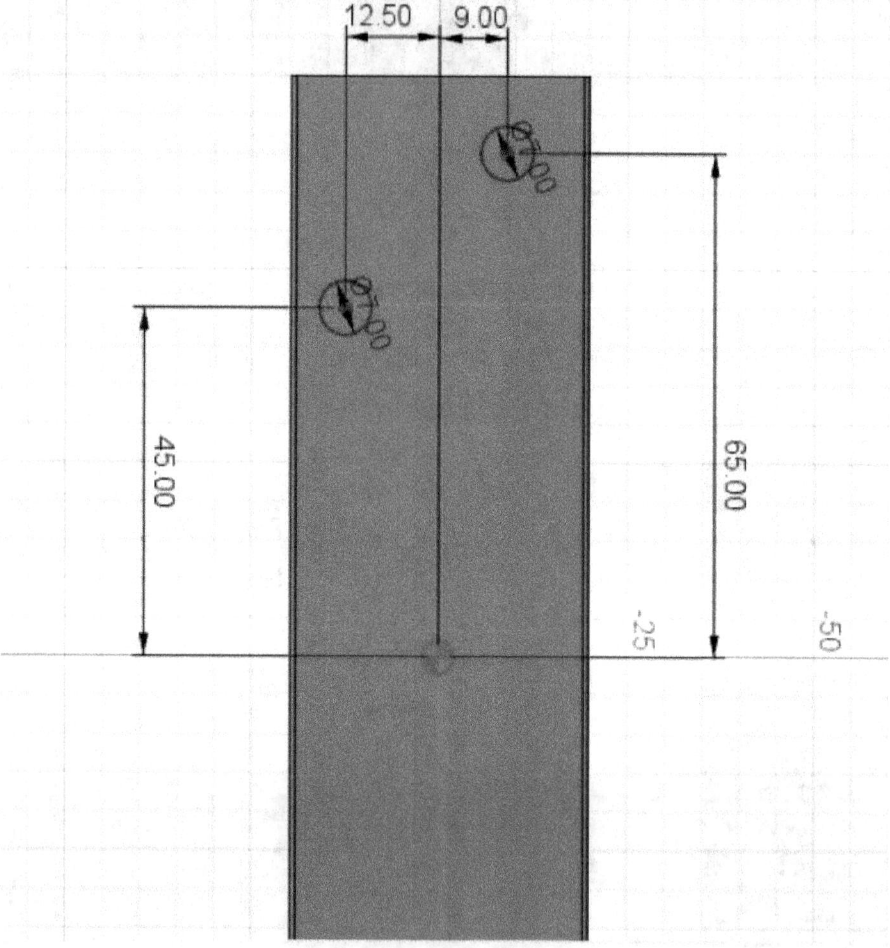

Con il comando "Rectangular Pattern" dal menu "Create", ora creiamo una tastiera. Per farlo, seleziona il cerchio e trascina le frecce visualizzate verso destra e verso il basso. Vogliamo tre cerchi ciascuno in direzione x e in direzione z, il numero è già impostato qui. Abbiamo poi impostato una distanza di -25 mm nella direzione x e +25 mm nella direzione z.

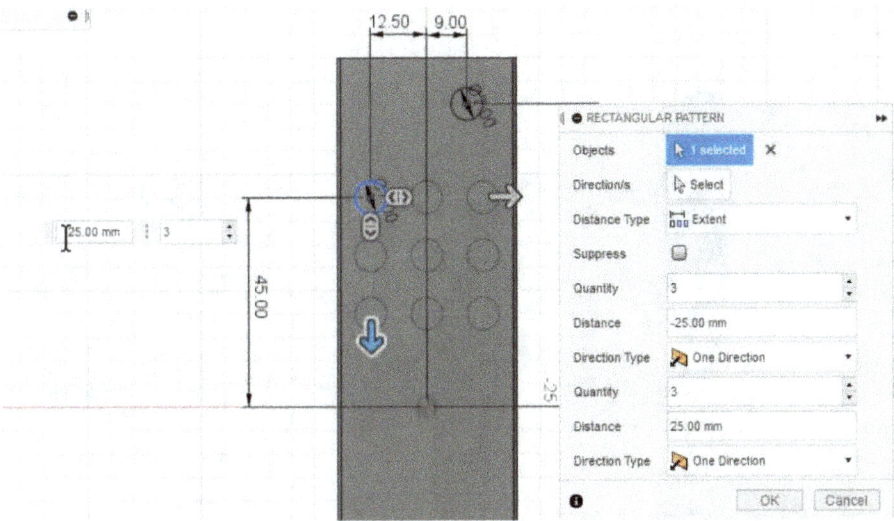

Le ultime tre chiavi devono essere abbozzate da fori oblunghi e due di esse devono essere disposte orizzontalmente, una verticalmente. Dovrebbe apparire così, comprese le dimensioni.

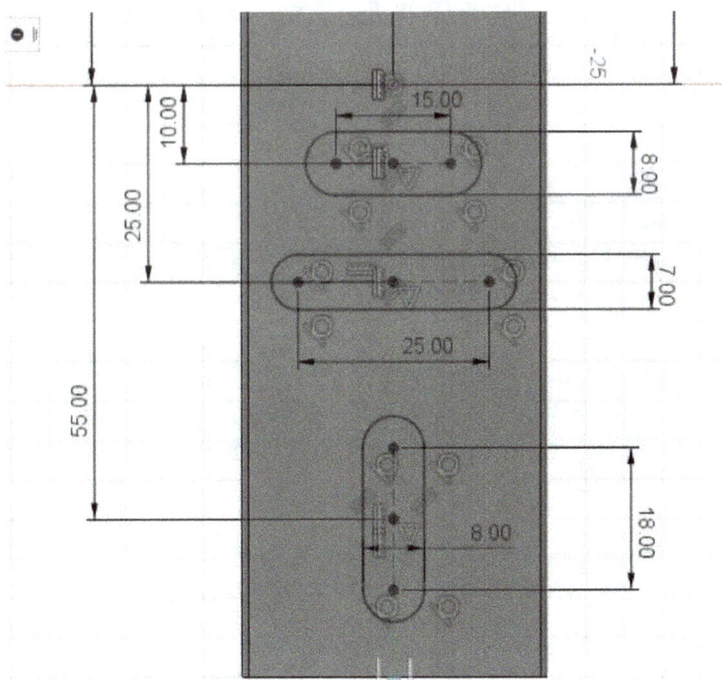

Poi possiamo finire lo schizzo ed estrudere le chiavi di 4,5 mm. L'"Operation" deve poi dire "New Body".

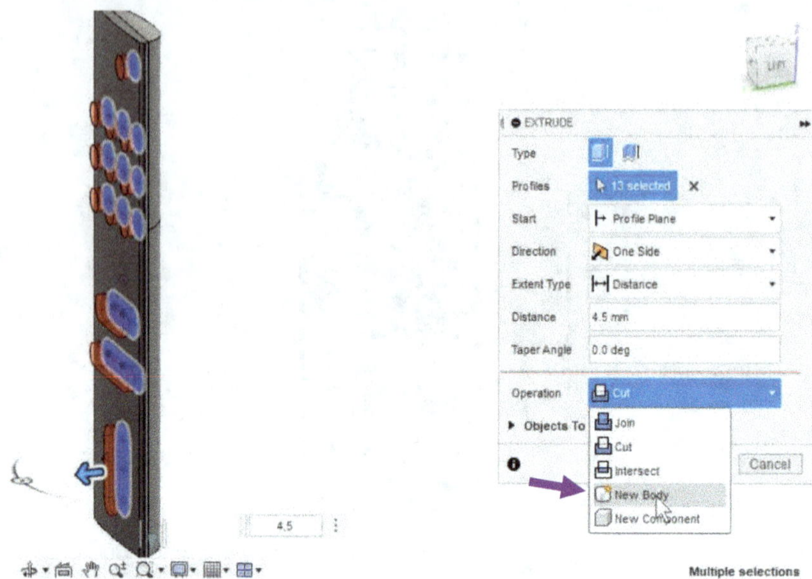

Dato che stiamo solo disegnando un mock-up, i pulsanti sono collegati alla custodia e non sono funzionali, ma vogliamo comunque essere in grado di differenziare l'aspetto rispetto al corpo base. Possiamo quindi coprire il corpo di base e anche il coperchio della batteria con un colore nero lucido, per esempio.

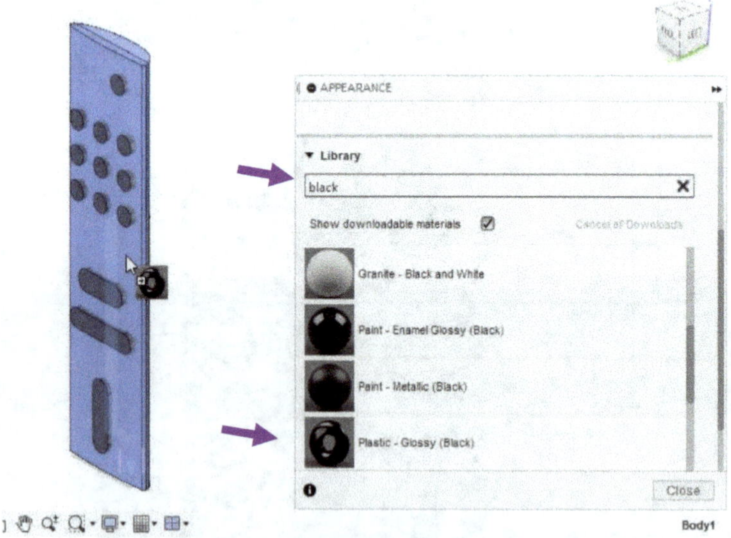

I tasti, invece, sono coperti da un colore grigio lucido, per esempio.

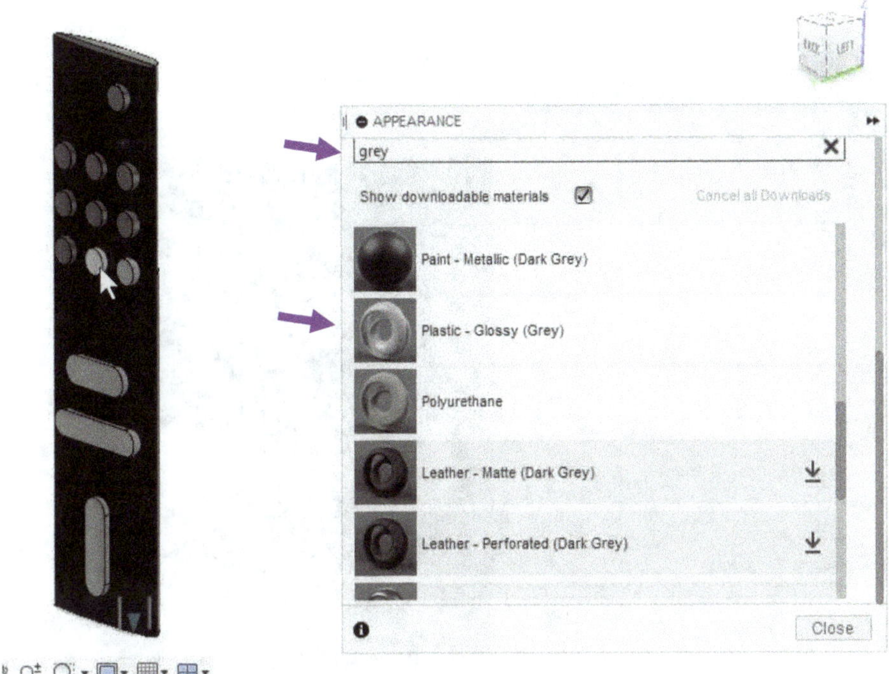

Ora abbiamo quasi finito. L'ultimo passo è quello di etichettare i pulsanti. Lo facciamo imprimendo le lettere e i numeri con il comando "Emboss / Deboss". Per fare questo, abbiamo prima bisogno di uno schizzo delle lettere e dei numeri. Per prima cosa creiamo un piano parallelo al piano x-z, che dovrebbe estendersi alla superficie delle chiavi. Basta cliccare sulla superficie e la misura viene determinata automaticamente.

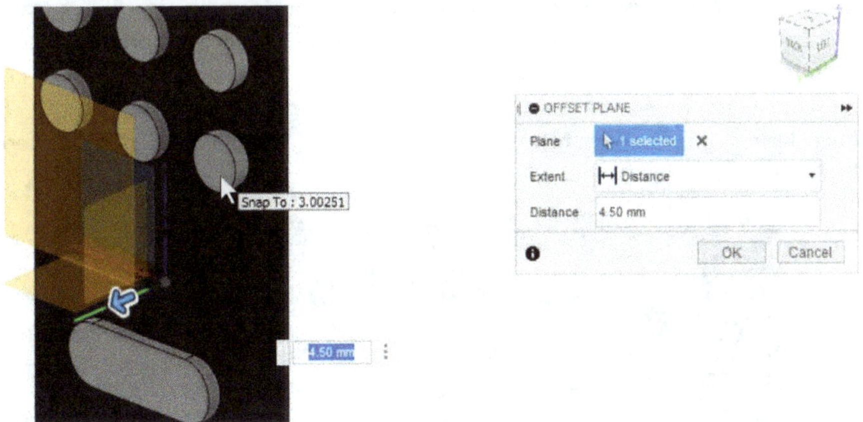

Per creare lettere, numeri e simboli in modo relativamente veloce e molto semplice, usiamo il comando "Text" dal menu "Create" nell'area di schizzo 2D.

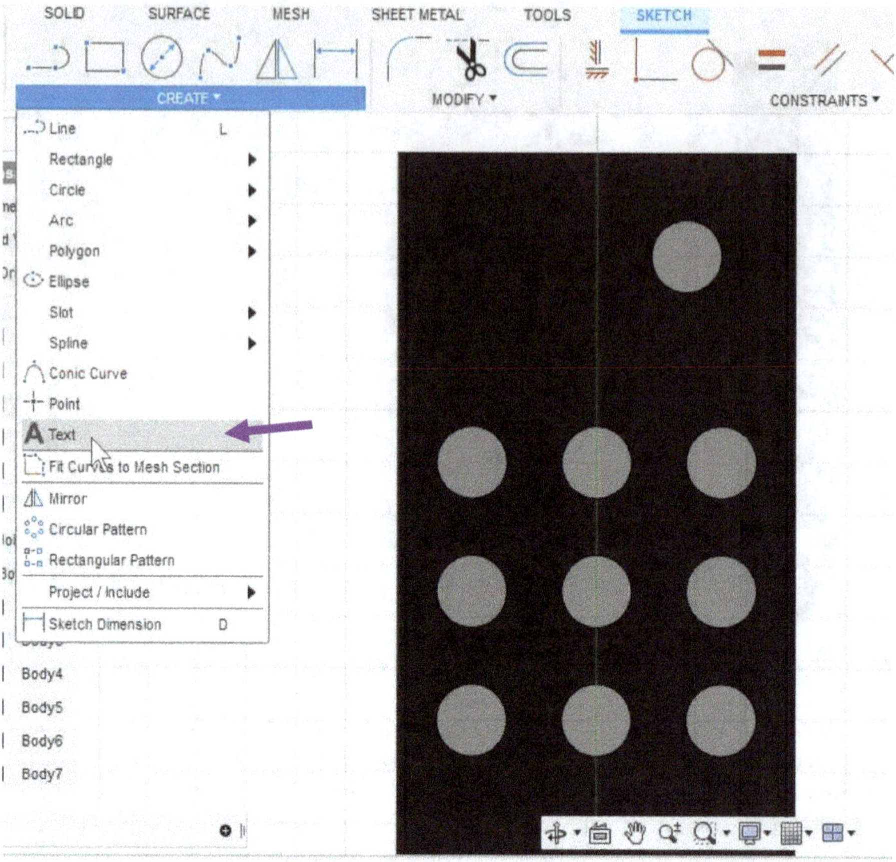

Come tipo abbiamo bisogno di un testo semplice. Poi abbiamo bisogno di disegnare un riquadro di delimitazione per il contenuto del testo. Più o meno come in Microsoft Word o programmi simili. Disegniamo la prima casella di testo nell'area del primo pulsante e inseriamo un testo, ad esempio "I/O" per l'interruttore on-off. Nelle impostazioni possiamo cambiare il tipo di testo, la dimensione del carattere e l'allineamento se necessario.

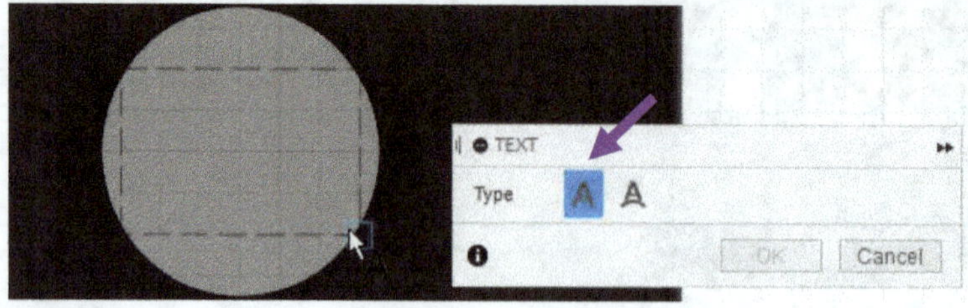

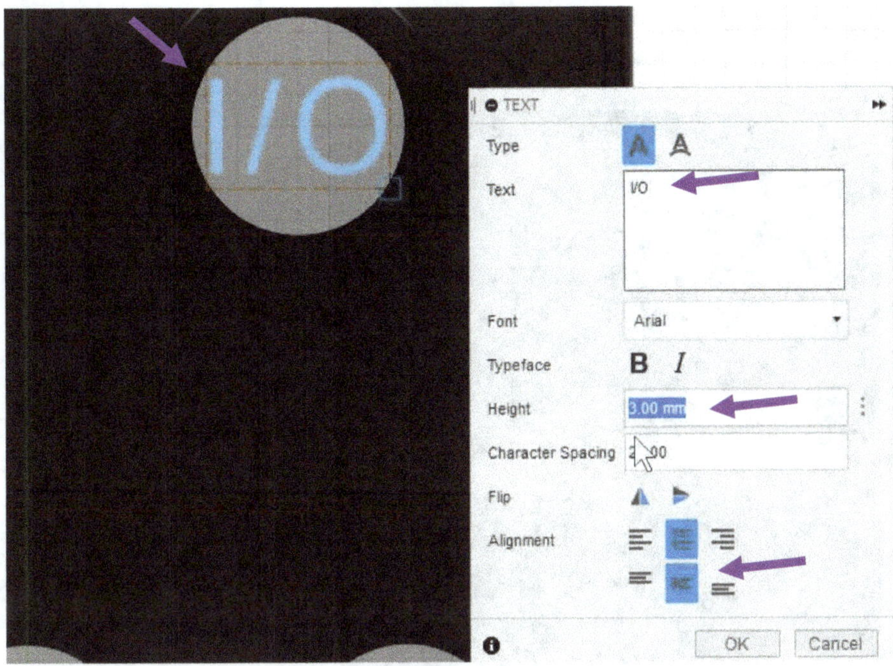

Per la seconda area dei tasti, disegniamo una nuova casella di testo, ma questa volta su tutti i tasti come mostrato. Poi inseriamo i numeri da 1 a 9 e li posizioniamo utilizzando le impostazioni in modo che siedano correttamente sui tasti. Per esempio, facciamo due paragrafi tra ogni riga e impostiamo l'impostazione "Character Spacing" a "270". Abbiamo anche messo uno spazio tra i numeri. Infine, definiamo l'altezza del testo con il valore 2.7, in modo che i numeri siano ragionevolmente accurati e centrali nei campi chiave.

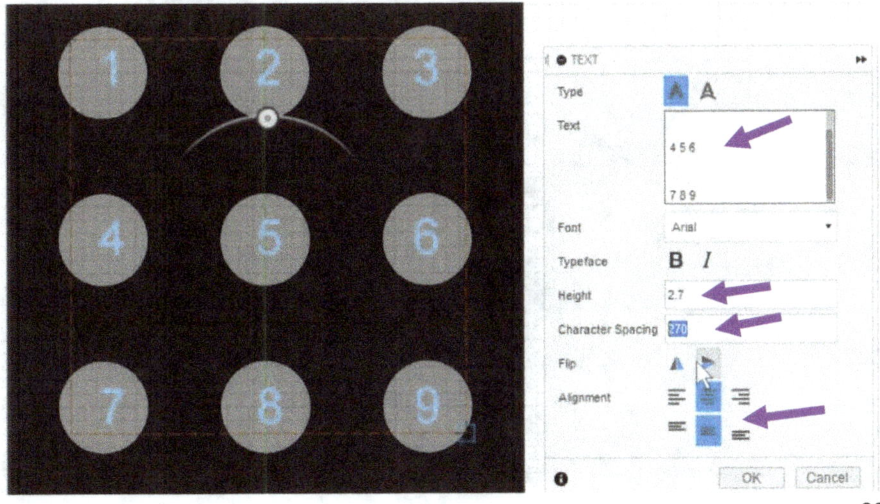

Procediamo allo stesso modo con i tre pulsanti inferiori. Qui vogliamo creare un simbolo "+" e un simbolo "-" ciascuno.

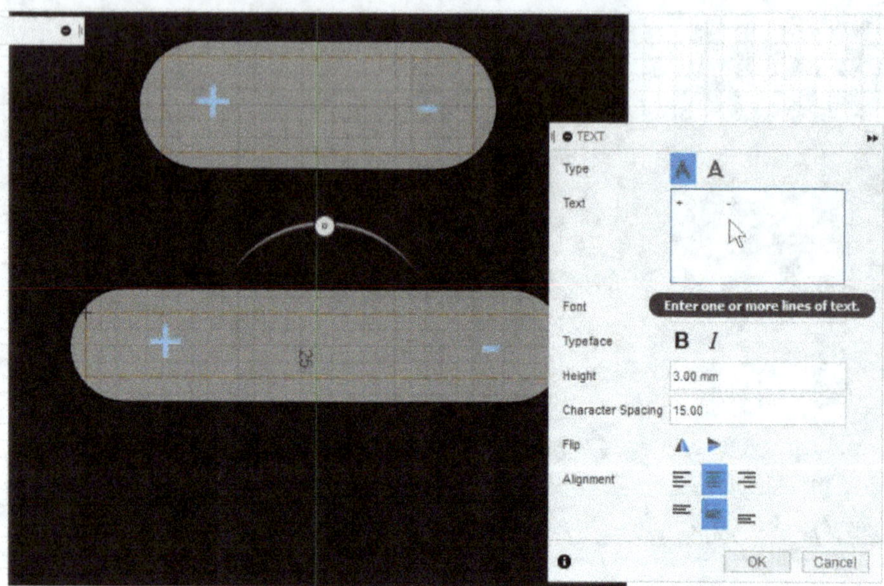

Per la goffratura potremmo utilizzare al meglio il comando "Emboss" o la sua opzione "Deboss".

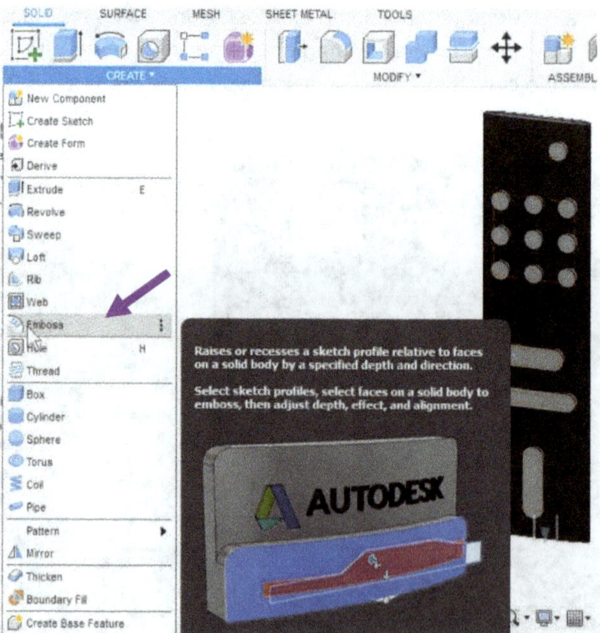

Dato che con questo comando dobbiamo sempre selezionare una superficie di goffratura oltre ad un profilo, dovremmo eseguire qui un comando separato per ogni tasto. In questo caso, questa goffratura può essere effettuata più semplicemente e velocemente con "Extrude". Useremo il comando "Emboss / Deboss" di nuovo per l'illustrazione nell'ultimo progetto. Per l'estrusione ora selezioniamo semplicemente tutti i campi di testo ed estrudiamo - 0,2 mm con l'opzione "Cut".

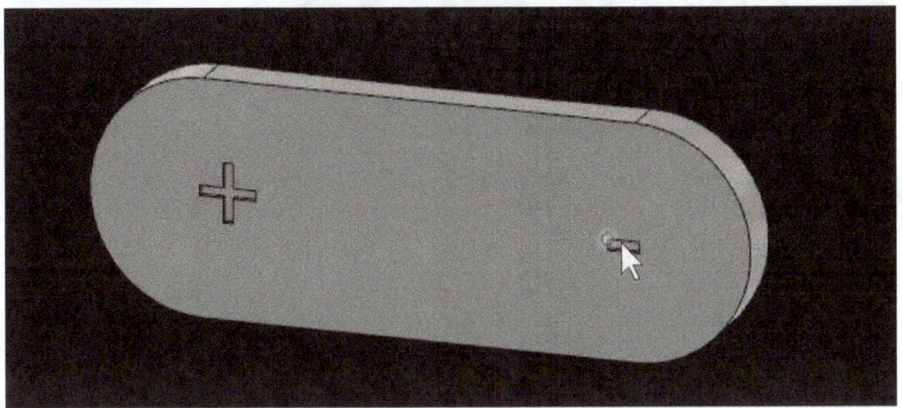

Ora abbiamo quasi finito con questo progetto. Infine, creiamo alcuni filetti come al solito. Per i due bordi inferiori abbiamo scelto un raggio di 0,5 mm.

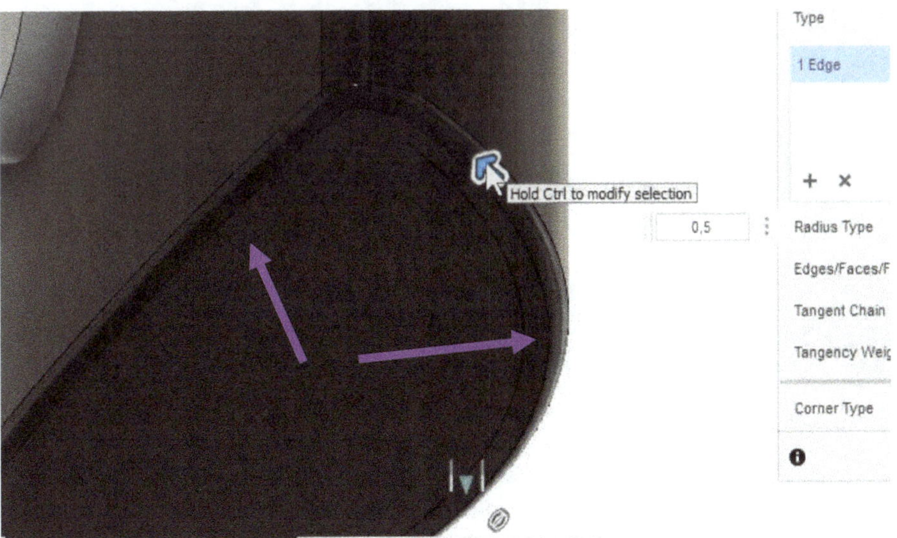

Per i bordi dei tasti scegliamo un raggio di arrotondamento di 0,1 mm, seleziona semplicemente le superfici di copertura.

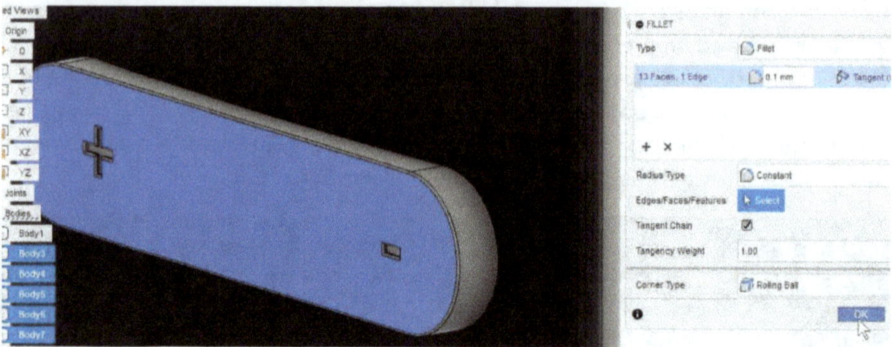

Ora ci rimane un progetto di costruzione. Nell'ultimo progetto costruiremo una pinza per la pompa dell'acqua o una chiave a tubo, che sarà piuttosto figa. Quindi vale ancora la pena continuare!

11 Progetto 10: Pinze per la pompa dell'acqua / chiave a tubo

In questo capitolo creeremo una pinza per la pompa dell'acqua o una chiave a tubo che avrà questo aspetto:

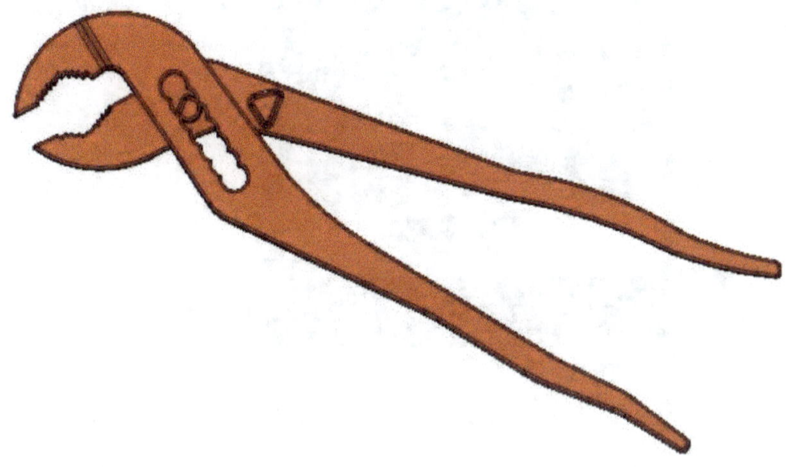

Per creare questa geometria o componente relativamente complessa, usiamo un trucco. Se abbiamo un'immagine di un componente, possiamo semplicemente copiare la sua sezione trasversale in Fusion 360 da questa immagine.

Tutto quello che dobbiamo fare è caricare l'immagine nel programma. Puoi trovare facilmente un'immagine di un componente, o in questo caso delle pinze, con la Ricerca Immagini di Google.

Non deve nemmeno essere esattamente la stessa, ma assicurati che sia presa il più verticalmente possibile dall'alto. Per inserire l'immagine nel programma, usa il comando "Canvas" dal menu "Insert".

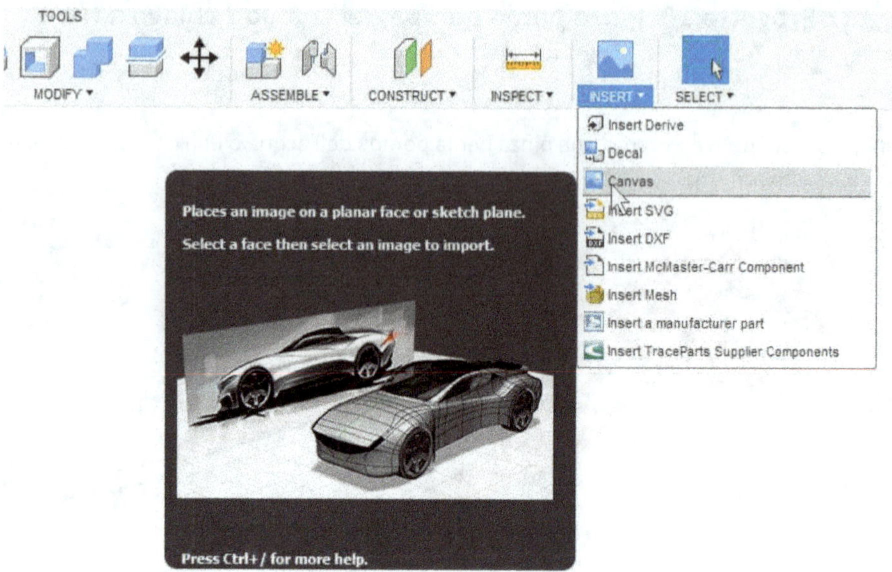

Selezioniamo "Insert from my computer" e inseriamo il percorso dell'immagine.

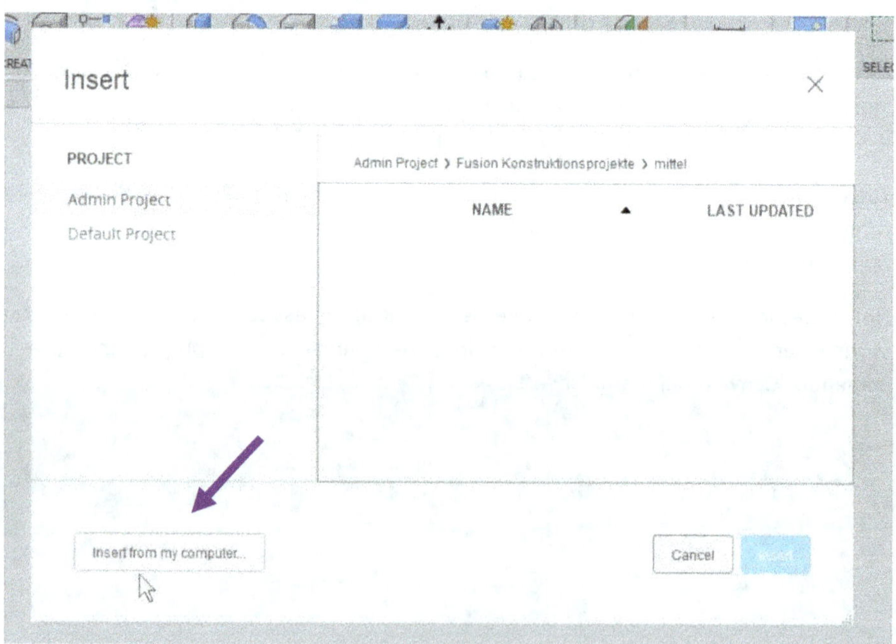

Poi dobbiamo selezionare un piano su cui posizionare l'immagine. Per esempio, il piano x-y, dato che vogliamo guardare le pinze dall'alto. Nelle impostazioni possiamo poi spostare o scalare l'immagine. Scaliamo l'immagine nel piano x-y, per esempio, di un fattore 16.

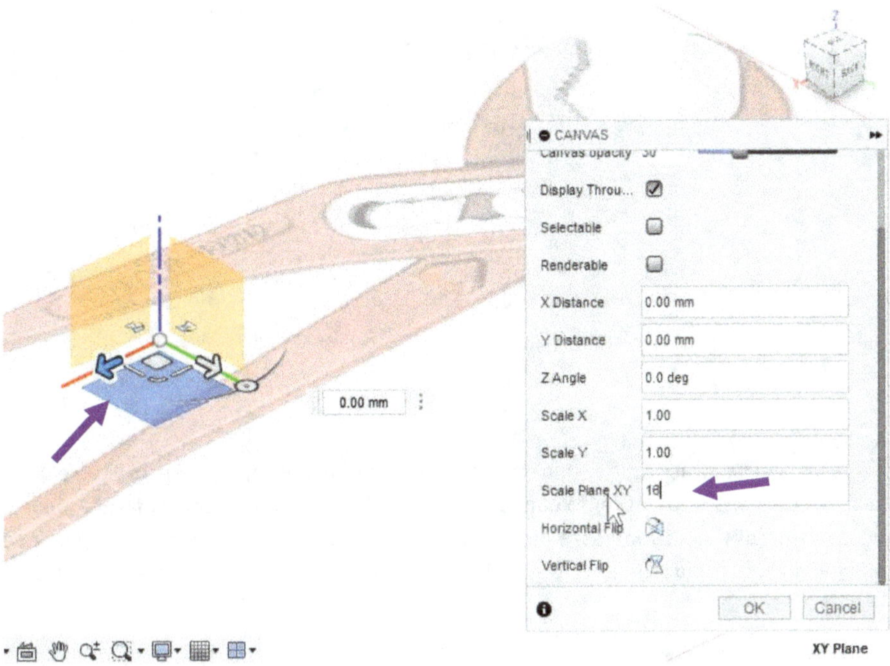

Ho provato questo fattore in anticipo in modo che le dimensioni delle pinze avessero un senso alla fine. Inoltre, possiamo cambiare la trasparenza dell'immagine nelle impostazioni se vogliamo. Per esempio, lo impostiamo a 30.

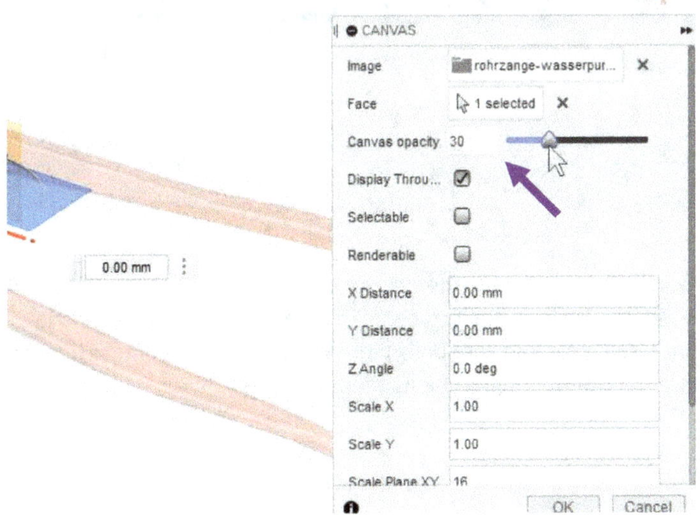

Abbiamo il nostro modello nel programma, che tracceremo passo dopo passo e useremo per creare le pinze. Creiamo il primo schizzo sul piano x-y. Se ora consideriamo brevemente come sono costruite le pinze, vediamo che sono composte da due componenti ad incastro, che chiamiamo gambe.

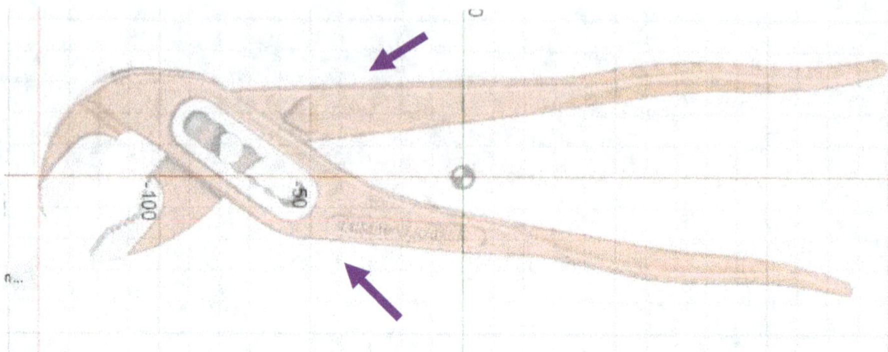

In questo schizzo, tracciamo prima una delle due gambe della pinza usando linee e archi sui bordi del contorno. Iniziamo con la sezione centrale del primo componente, dove il meccanismo di regolazione sarà più tardi. Ora disegniamo semplicemente delle linee individuali il più accuratamente possibile lungo i bordi del contorno come mostrato.

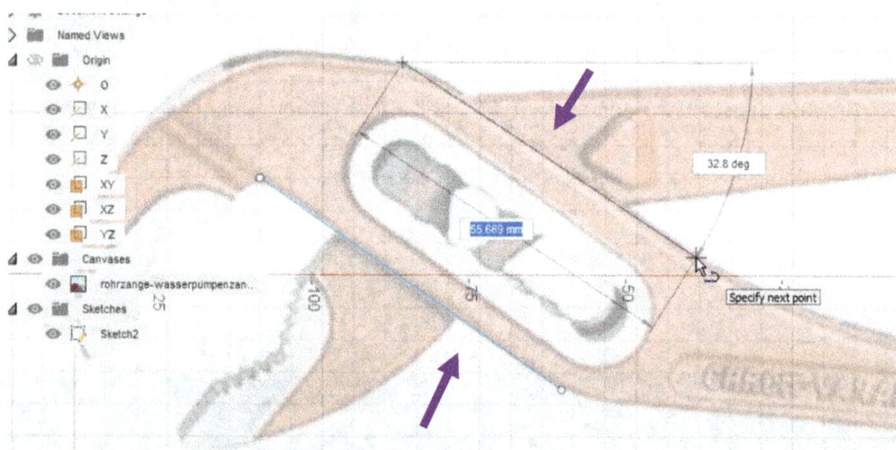

Possiamo prima ricreare il contorno utilizzando delle semplici linee. Più tardi possiamo aggiungere i filetti. Per le curve forti come in questa zona possiamo anche utilizzare un arco a 3 punti. Nell'area anteriore della pinza cerchiamo di riprodurre il motivo a zig zag delle ganasce della pinza meglio che possiamo con delle linee.

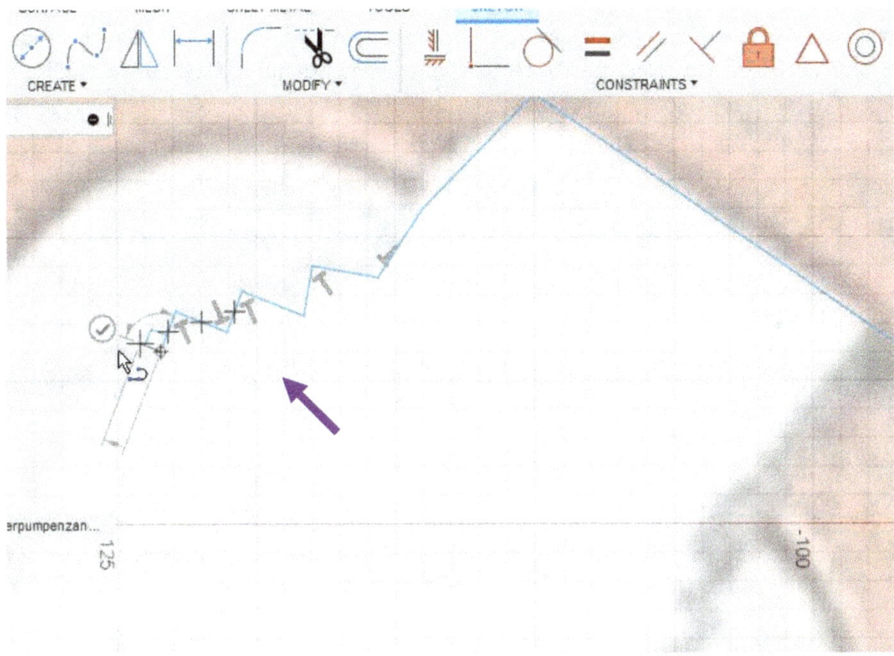

A seconda della scalatura e della qualità dell'immagine, tuttavia, non sarai in grado di vedere molto qui e dovrai disegnare a mano libera come meglio puoi. Chiudiamo poi l'area superiore del primo componente con un arco di 3 punti.

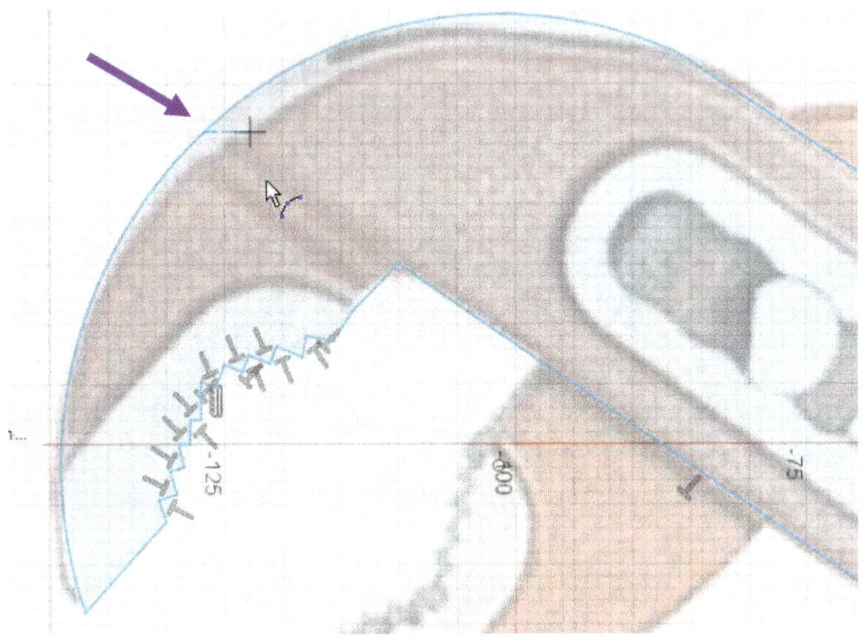

Nel passo successivo, aggiungiamo gli arrotondamenti già annunciati alla forma del profilo ancora molto spigolosa. Arrotonda semplicemente qui come credi e desideri.

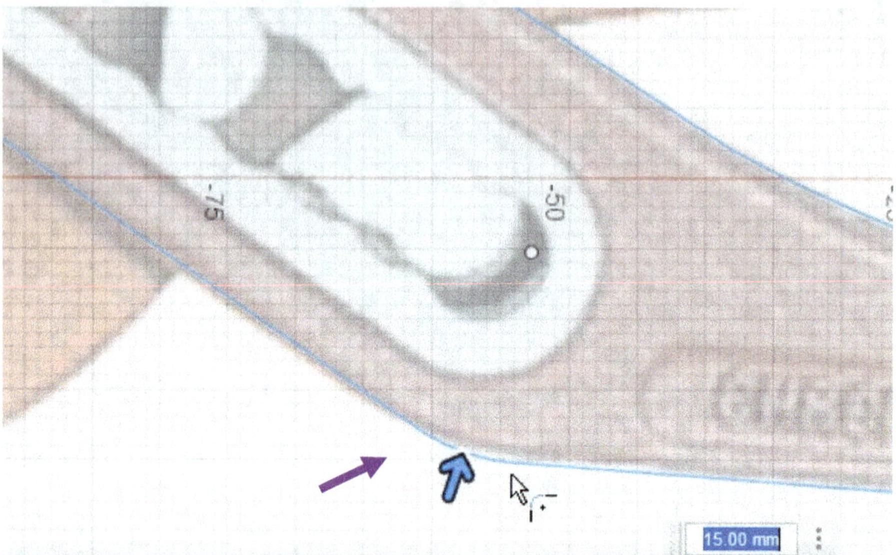

Poi creiamo l'area centrale, che appartiene al meccanismo di regolazione delle pinze. Possiamo creare questo relativamente facilmente da diversi cerchi adiacenti. Posiziona i due cerchi esterni come meglio puoi. Una linea di costruzione dovrebbe collegare questi due cerchi ai loro centri.

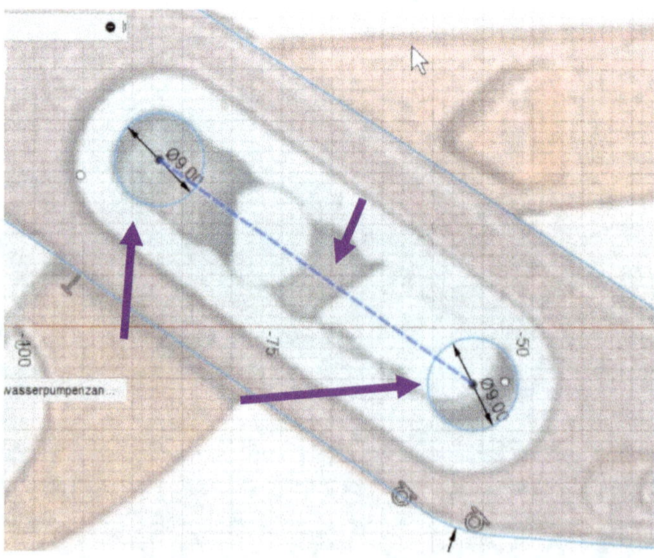

Creiamo tutti gli altri cerchi con il comando "Rectangular Pattern". Per farlo, selezioniamo il primo cerchio e poi passiamo a "Directions" nelle impostazioni in modo da poter determinare la direzione. Lo facciamo selezionando la linea di costruzione. Il comando viene quindi eseguito lungo questa direzione. Aumentiamo il numero e la distanza in modo che i cerchi siano approssimativamente congruenti con l'immagine.

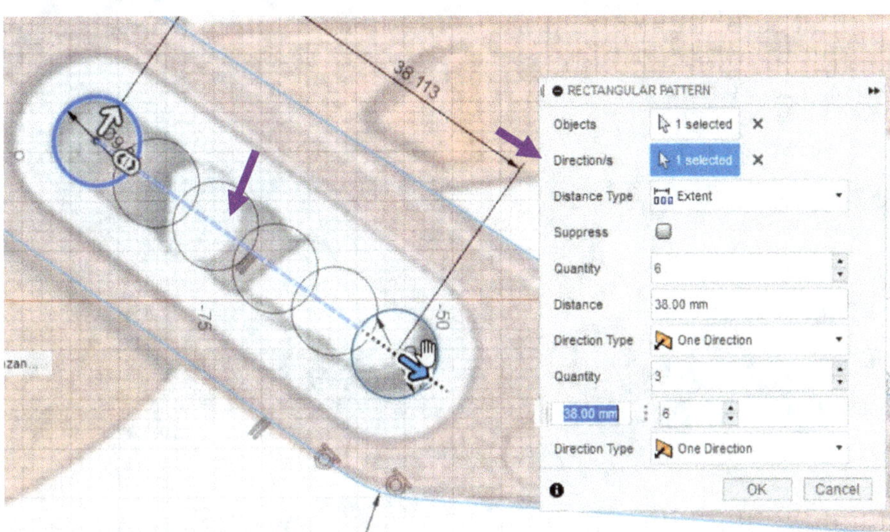

Ora dobbiamo rimuovere i segmenti di arco superflui con la funzione "Trim".

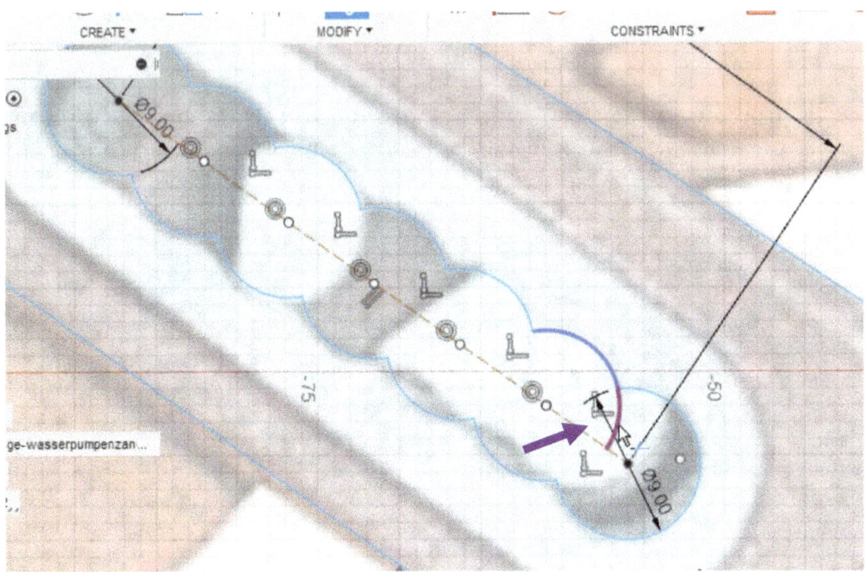

Ora abbiamo già un primo abbozzo della geometria della sezione trasversale del primo componente. Ora potremmo perfezionare questo con un dimensionamento completo. Sei il benvenuto a farlo come compito di diligenza. Tuttavia, poiché allungherebbe inutilmente lo scopo del corso, non creeremo nessuna dimensione qui e ci accontenteremo della geometria abbozzata, che è anche perfettamente adeguata ai nostri scopi. Definiremo completamente la geometria abbozzata in un altro modo. Useremo la relazione "Fix" dalla sezione "Constraints" dopo aver selezionato tutti gli elementi dello schizzo.

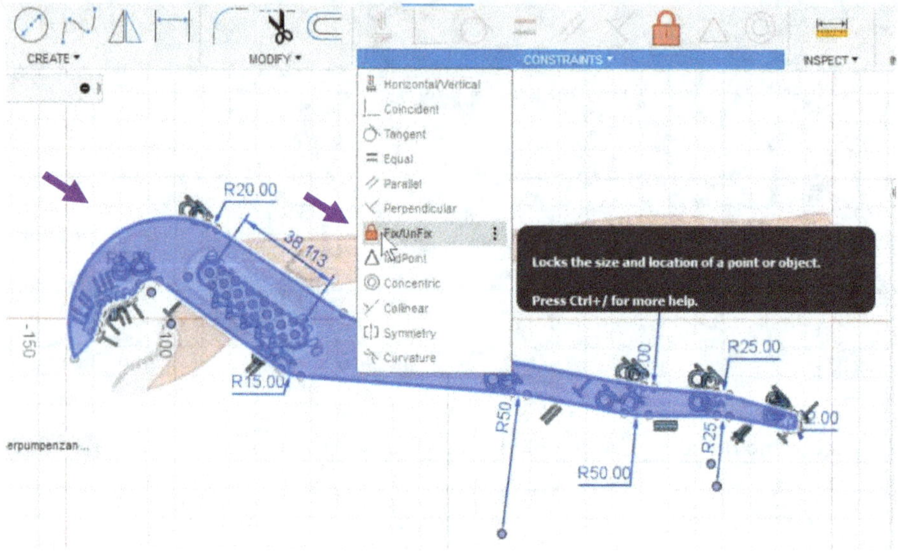

Ora niente può essere spostato. Ora possiamo estrudere il profilo abbozzato di 10 mm. È meglio usare di nuovo l'estrusione simmetrica per avere il piano x-y nel componente.

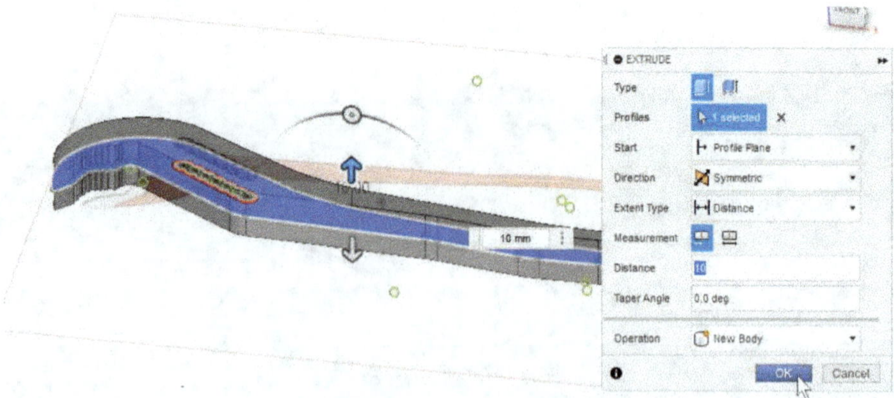

Con questo, la prima gamba della pinza è quasi finita. Tuttavia, abbiamo ancora bisogno di due aggiustamenti. Per prima cosa, abbiamo bisogno di un ritaglio nell'area della testa della pinza, che viene creato molto semplicemente con un rettangolo a 3 punti sulla superficie di copertura e la funzione "Extrude".

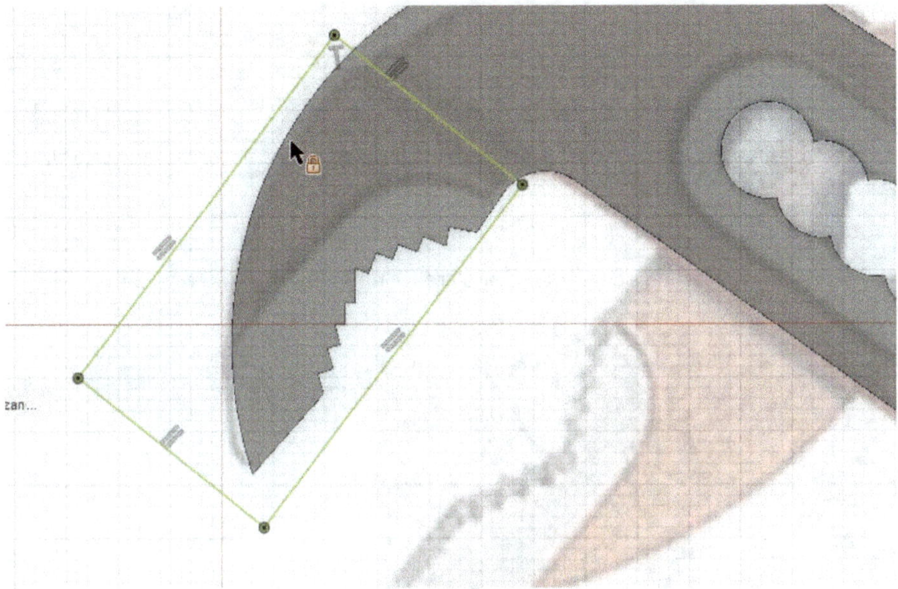

In questo caso, scegliamo una dimensione di - 3,5 mm, per esempio.

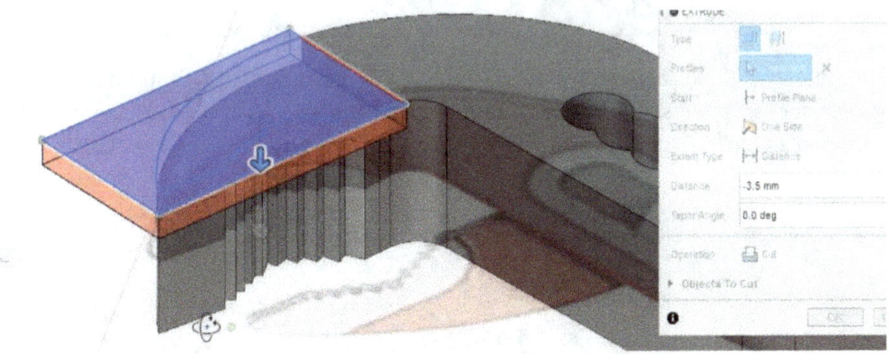

Dato che abbiamo bisogno di questa sezione anche dall'altro lato, la specchiamo sul piano x-y.

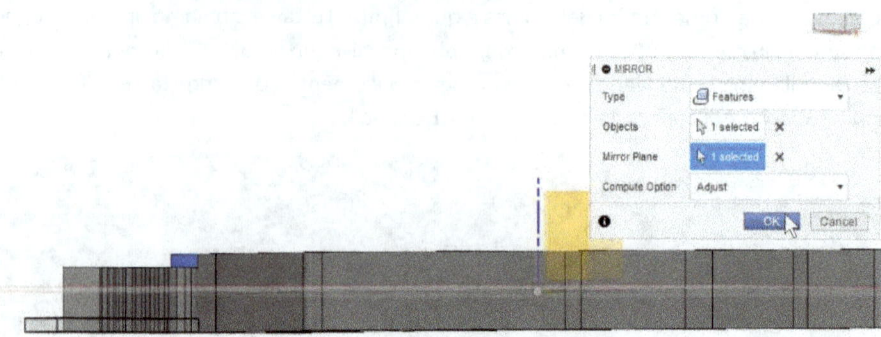

Nella zona di transizione possiamo ancora creare dei filetti di 2 mm ciascuno.

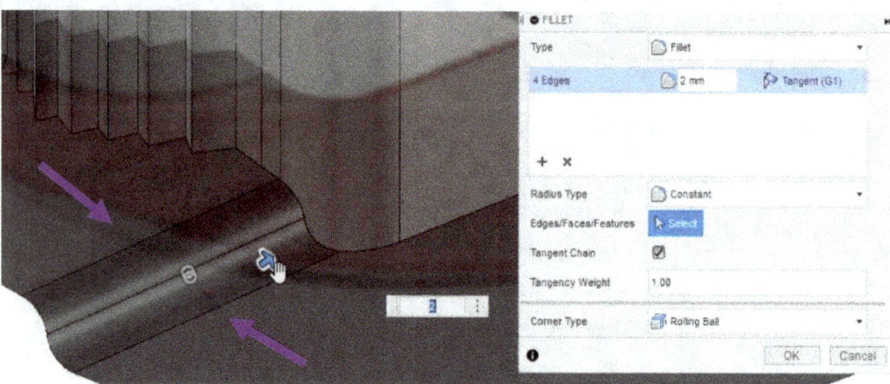

L'ultima cosa di cui abbiamo bisogno è un taglio nel segmento centrale del primo componente, in cui siederà il secondo componente. Lo creiamo creando un profilo rettangolare sulla superficie posteriore, che poi estrudiamo con l'opzione "Cut".

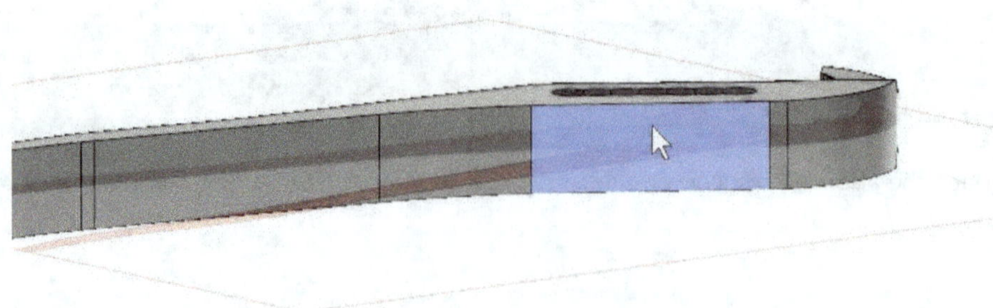

Creiamo prima le dimensioni del profilo a sensazione e poi le adatteremo alla seconda gamba della pinza in seguito.

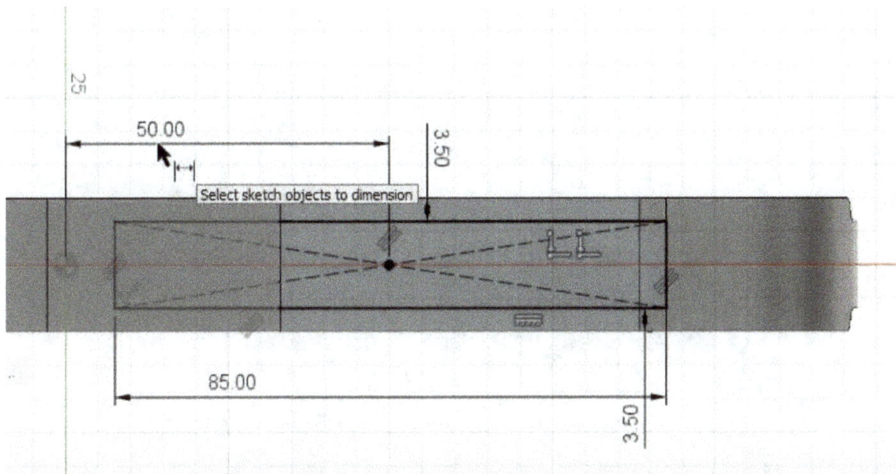

Per selezionare il profilo, possiamo anche nascondere temporaneamente il corpo.

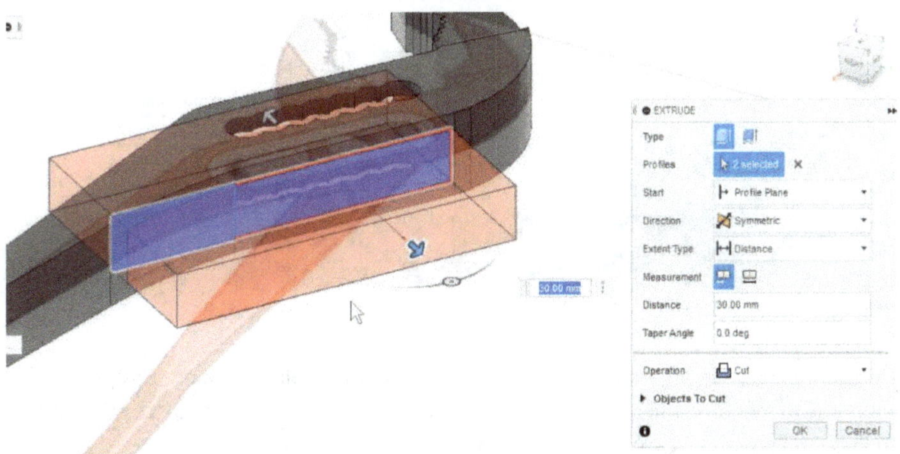

Ora la prima gamba della pinza è finita e possiamo creare la seconda gamba nello stesso modo. Ma prima dobbiamo creare un nuovo componente. Sul piano x-y del nuovo componente disegniamo poi il secondo profilo. Se l'immagine è troppo trasparente in questo passaggio, possiamo cambiare nuovamente questo valore con un clic destro sull'immagine e "Edit" su "Opacity".

Poi usiamo di nuovo il contorno per disegnare la geometria trasversale del componente usando linee e archi. Dopo aver aggiunto anche i raccordi, possiamo finire lo schizzo ed estrudere il profilo simmetricamente in modalità 3D.

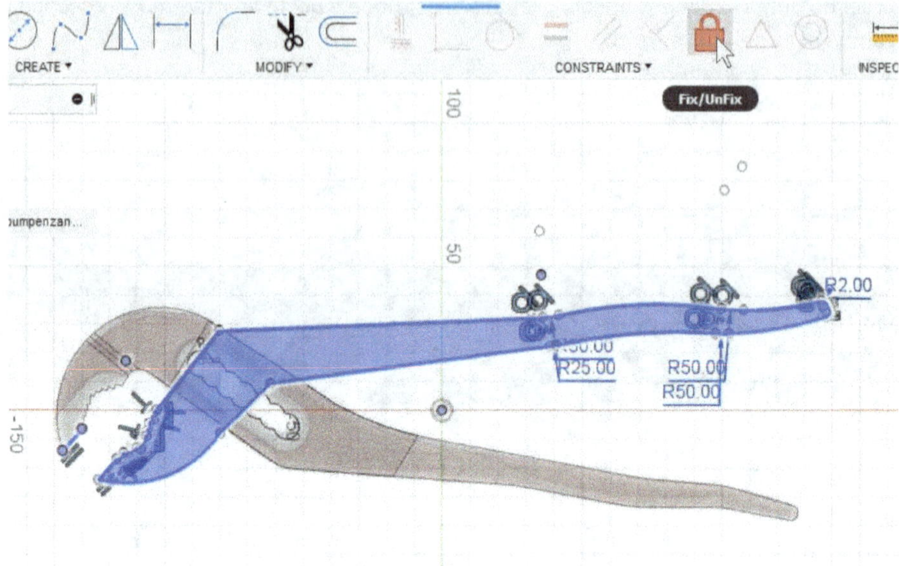

Nel nostro caso, abbiamo bisogno di una dimensione di 6,25 mm.

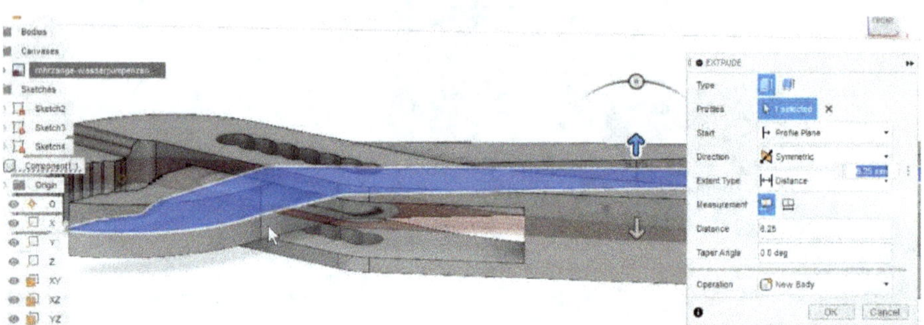

Poi anche la seconda gamba della pinza è quasi finita. Abbiamo ancora bisogno di due elementi: il meccanismo di regolazione al centro e un elemento triangolare per il fermo.

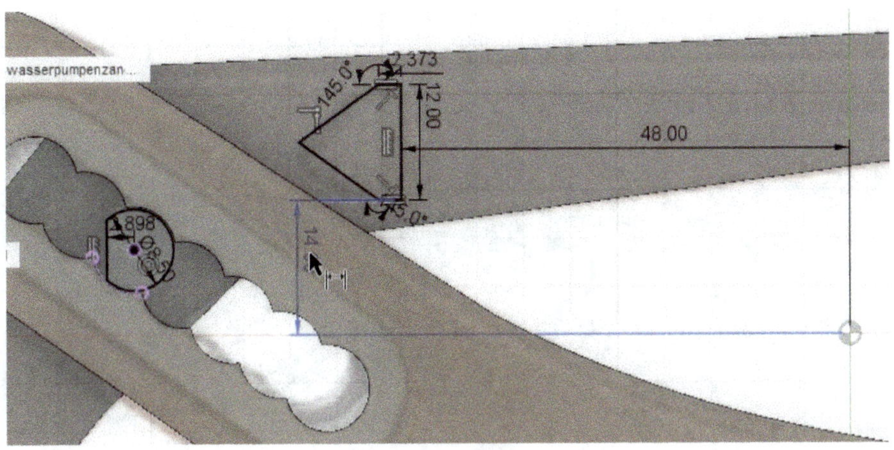

Lo creiamo con uno schizzo e un'estrusione. L'estrusione deve arrivare fino alla superficie superiore dell'altro componente, quindi nelle impostazioni per "Extent Type" selezioniamo: "To Object" e poi semplicemente questa superficie.

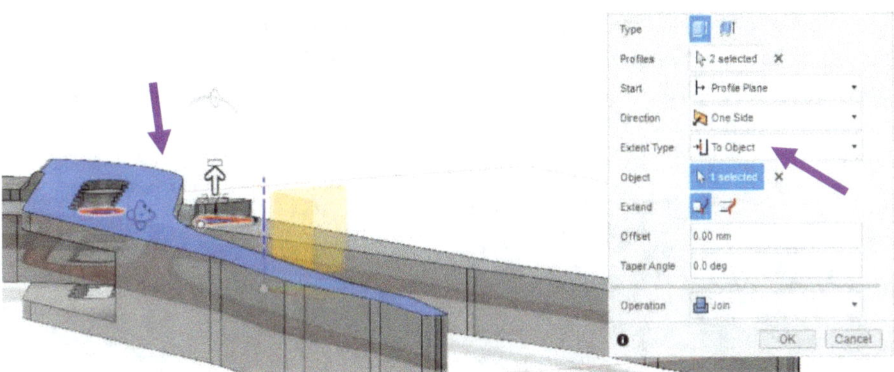

Abbiamo bisogno di questi due elementi anche dall'altra parte, quindi li specchiamo sul piano x-y. Se il mirroring non funziona - come nel mio caso e forse anche nel tuo - seleziona l'opzione "Identical" invece di "Adjust" sotto "Compute Option" nelle impostazioni. Allora dovrebbe funzionare.

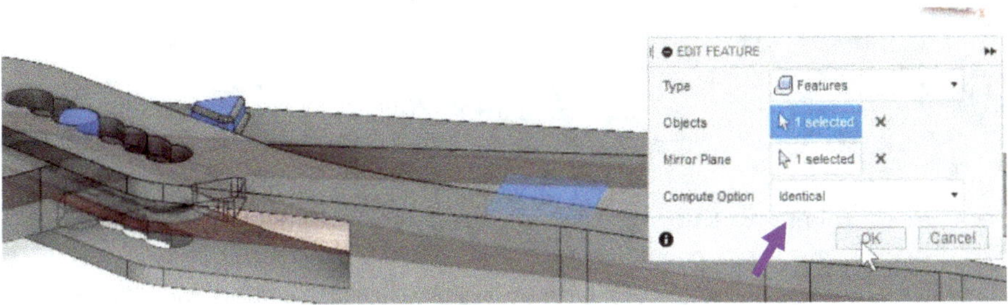

Nel frattempo, sembra già un paio di pinze. Se il corpo della pinza è nella cartella del componente sbagliato, puoi semplicemente trascinarlo nel componente corretto nell'albero della struttura, come si può vedere qui:

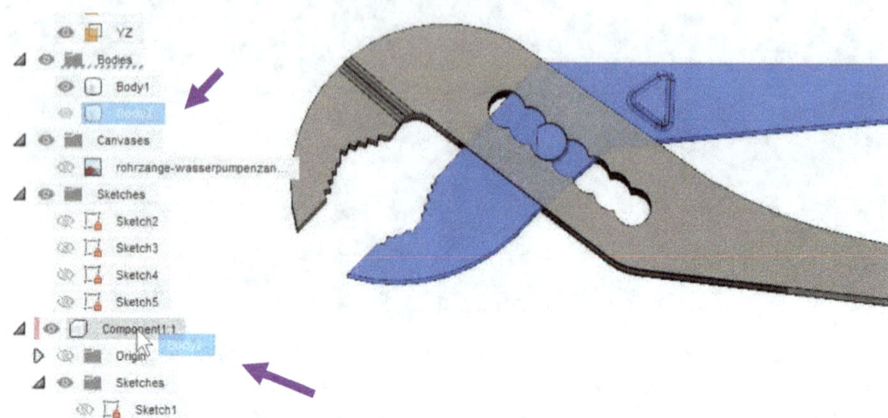

Molto bene, ora vogliamo collegare le due gambe della pinza con un giunto. Per fare questo, selezioniamo il perno rotondo del meccanismo di regolazione e uno dei fori previsti per esso nell'altro componente. Imposta le origini del giunto come mostrato e seleziona il tipo di giunto "pin slot" per una rotazione e un'opzione di movimento lineare.

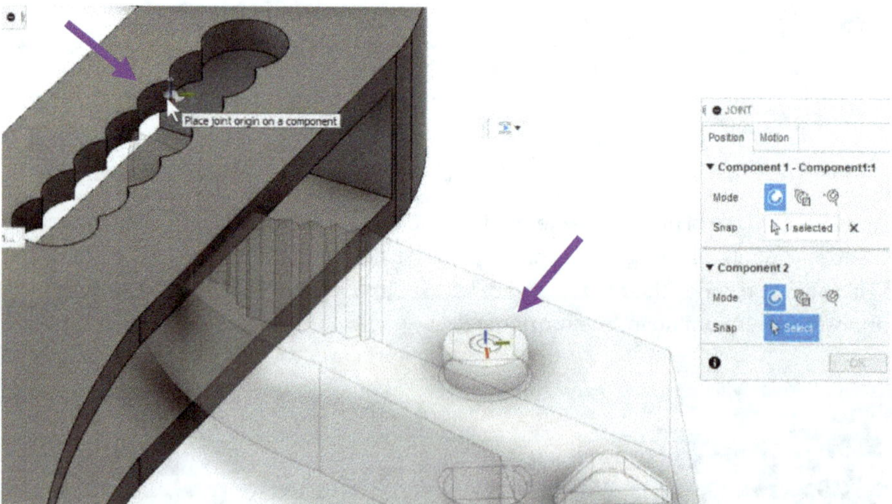

Nelle impostazioni possiamo ora regolare gli assi per i movimenti. L'asse di rotazione "z" si adatta, ma l'asse per il movimento lineare non è corretto in questo caso. Cambiamo quindi lo "Slide" nelle impostazioni dell'articolazione in "Custom" e clicchiamo semplicemente sul bordo laterale della pinza, che corre parallelo alla nostra direzione di movimento.

Con un clic destro sul giunto e "Edit Joint Limits" possiamo definire i limiti del giunto. In questo caso possiamo impostare due limiti ciascuno per la rotazione e il movimento lineare. Puoi passare da un tipo di giunto all'altro utilizzando il menu a tendina nelle impostazioni. Per "Slide" impostiamo il minimo ad esempio a -12,5 mm e il massimo ad esempio a 25,5 mm.

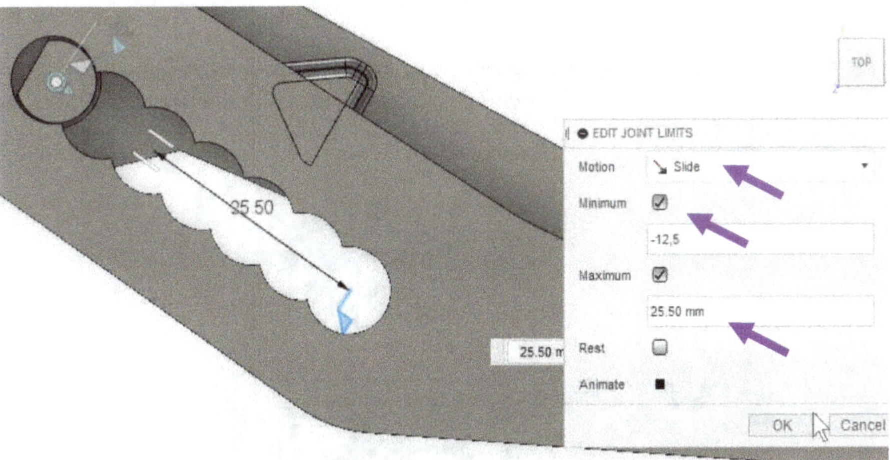

Per il momento, limitiamo la rotazione a -2 gradi nel minimo e +65 gradi nel massimo. Potremmo doverlo mettere a punto più tardi.

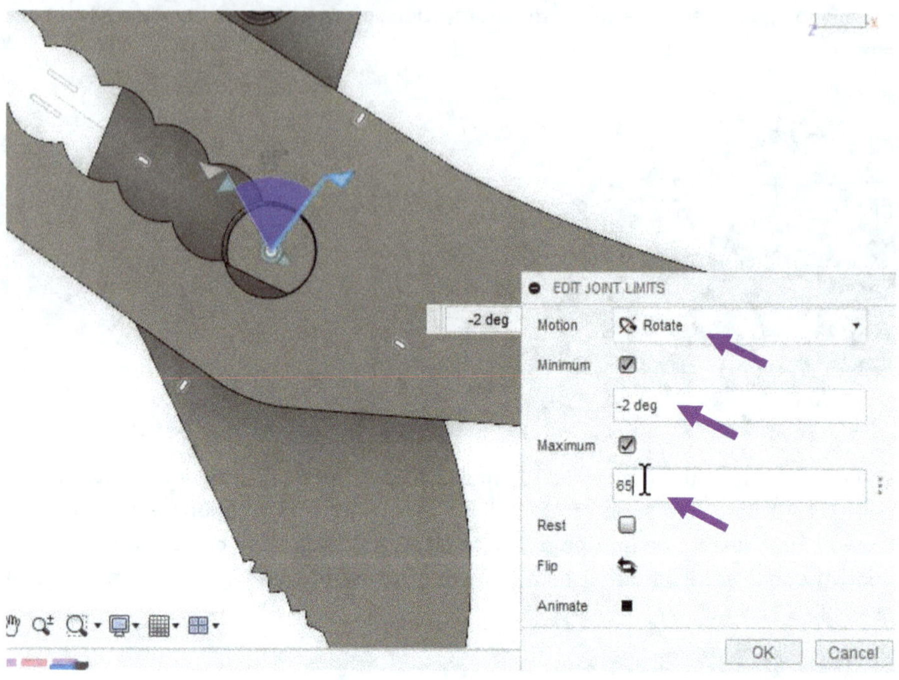

Ora abbiamo quasi finito. Tuttavia, dobbiamo occuparci di nuovo del ritaglio del primo componente, dato che possiamo vedere che le dimensioni non si adattano ancora.

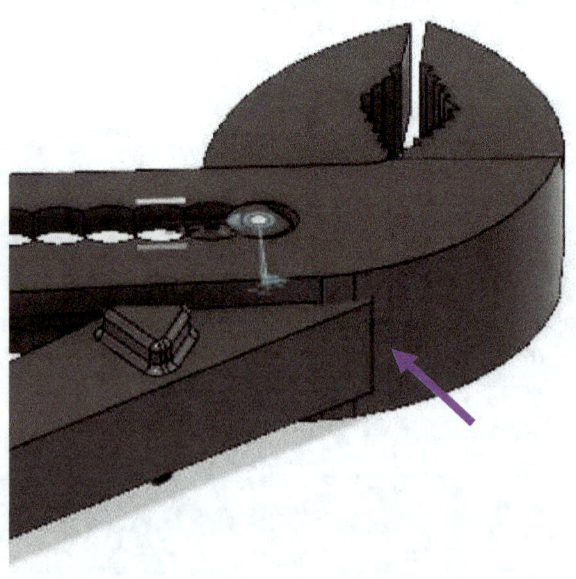

Ridimensioniamo e spostiamo il profilo rettangolare fino a quando il secondo componente ha abbastanza spazio per muoversi liberamente.

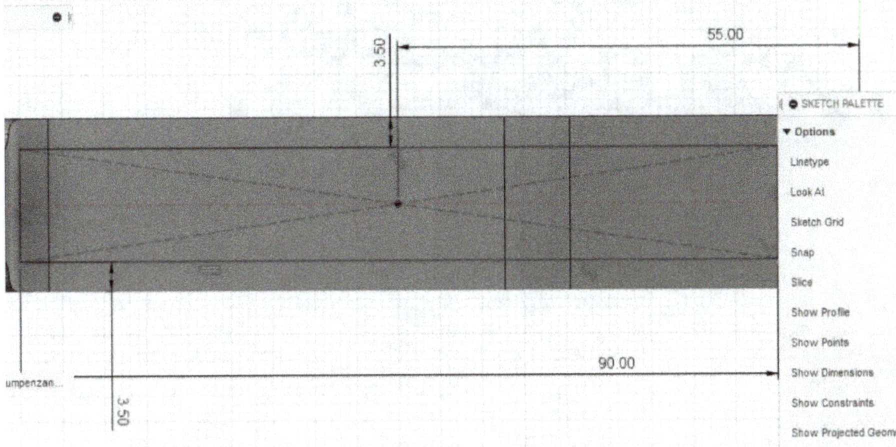

Poi regoliamo di nuovo i limiti di rotazione dell'articolazione. In questo caso -4 gradi per il minimo e +25 gradi per il Massimo si adattano meglio.

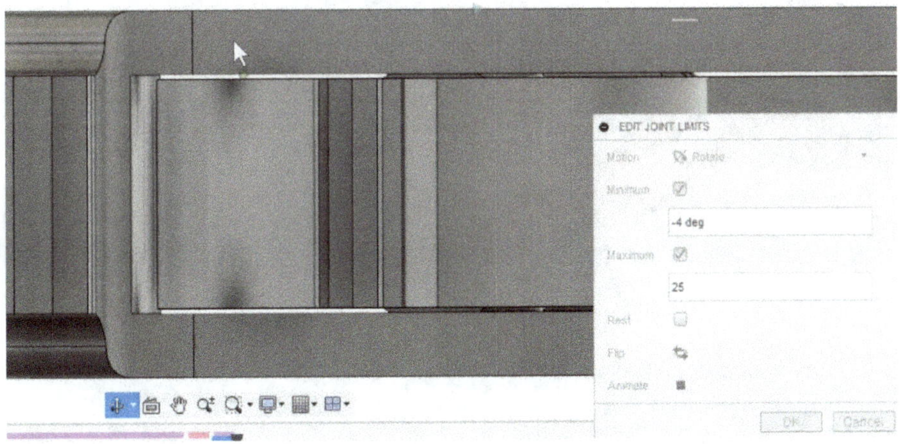

Poi arrotondiamo alcuni bordi secondo il gusto e il desiderio.

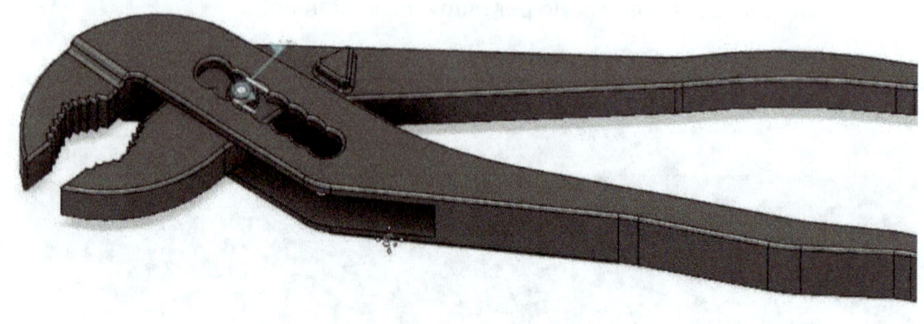

Infine, nascondiamo l'immagine che abbiamo utilizzato per il tracciamento e cambiamo l'aspetto con "Appearance". Per esempio, potremmo scegliere una vernice rossa metallizzata.

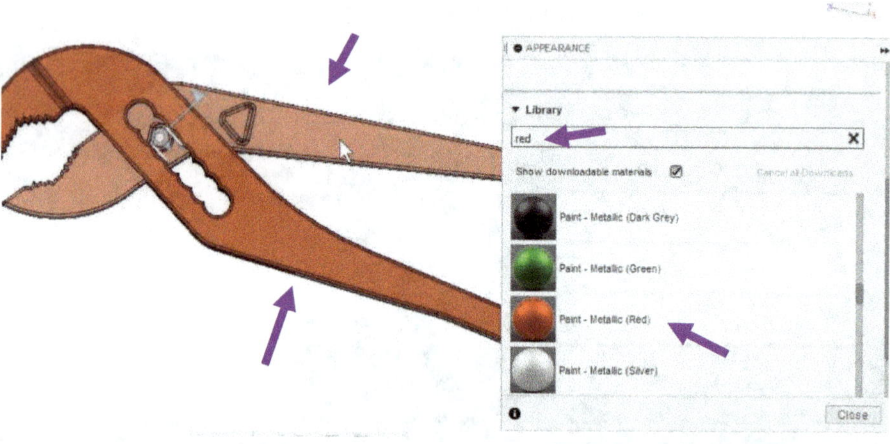

Allora le pinze sono pronte! Con un clic destro sul giunto e la selezione di "Animate Model" possiamo anche vedere il meccanismo di regolazione della pinza in azione.

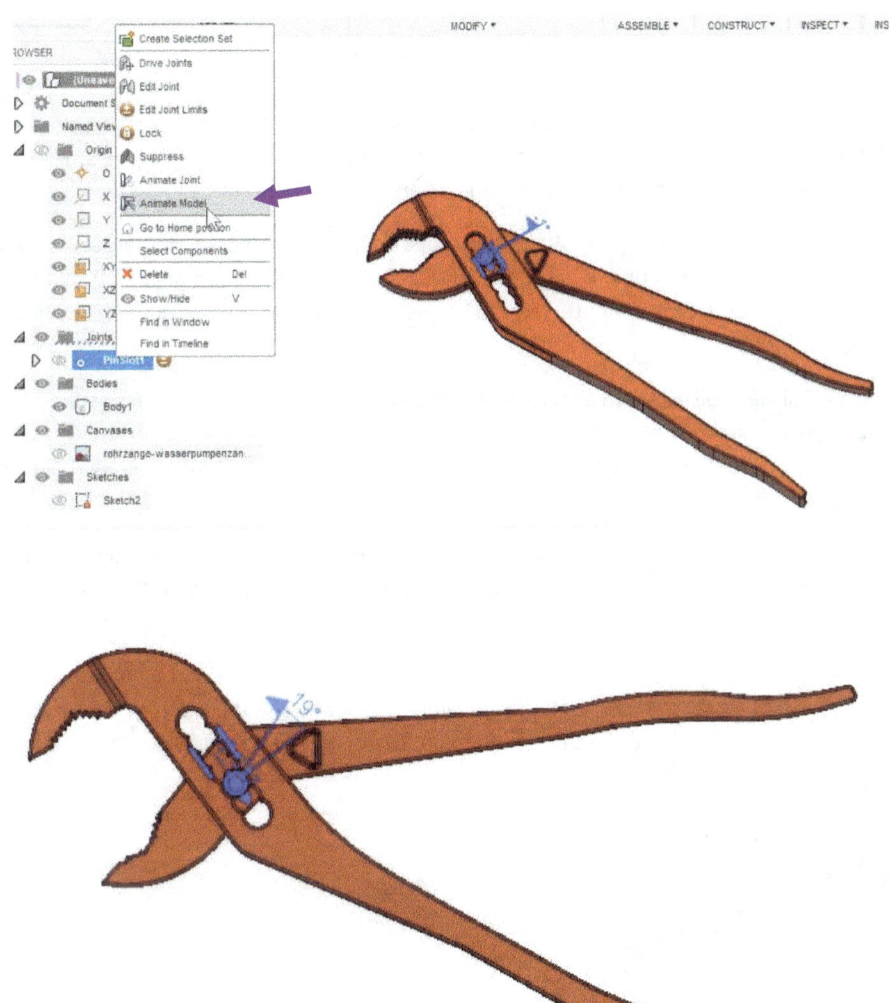

L'animazione può poi essere fermata di nuovo con il tasto ESC. Perfetto! Abbiamo finito con i progetti di costruzione!

Parole di chiusura

Eccellente! Ce l'hai fatta, con questo capitolo finiamo la prima parte del corso avanzato per la progettazione CAD in Fusion 360! A questo punto dovresti già avere buone competenze nella progettazione CAD con Fusion 360.

Insieme abbiamo costruito molti grandi oggetti in questo corso, imparato nuove funzioni e approfondito quelle di base. Quindi abbiamo realizzato un bel po' di cose! Sii giustamente orgoglioso di te stesso se sei arrivato fino a questa lezione! Congratulazioni!

Come avrai già capito, ci sarà anche una seconda parte di questo corso di progettazione CAD, che è strutturata in modo simile e si occupa di oggetti di design da moderatamente difficili a complessi. Sentiti libero di dare un'occhiata al seguito! Allora puoi quasi considerarti un professionista!

E se vuoi anche sperimentare i tuoi oggetti da costruzione in 3D, dai sicuramente un'occhiata alla stampa 3D. È tremendamente divertente e altamente benefico essere in grado di materializzare le proprie costruzioni.

Il modo migliore per farlo è utilizzare il mio corso: "Stampa 3D | Passo dopo Passo" e iniziare oggi stesso!

Se ti è piaciuto il corso avanzato di progettazione CAD in Fusion 360, mi farebbe molto piacere se mi lasciassi una valutazione e un breve feedback, oltre a raccomandare il corso ad altri! Questo aiuterà anche gli altri nella loro decisione. Grazie mille e a presto.

Libri su argomenti che potrebbero piacerti anche

Tutti i libri sono disponibili online sulle solite piattaforme di vendita. È meglio cercare semplicemente il titolo o sentirsi liberi di visitare la mia pagina dell'autore. Alcuni dei libri potrebbero non essere ancora stati pubblicati e appariranno o si troveranno presto. Dai un'occhiata ai libri di tua scelta e portali a casa come e-book o paperback!

Stampa 3D:

CAD, FEM, CAM:

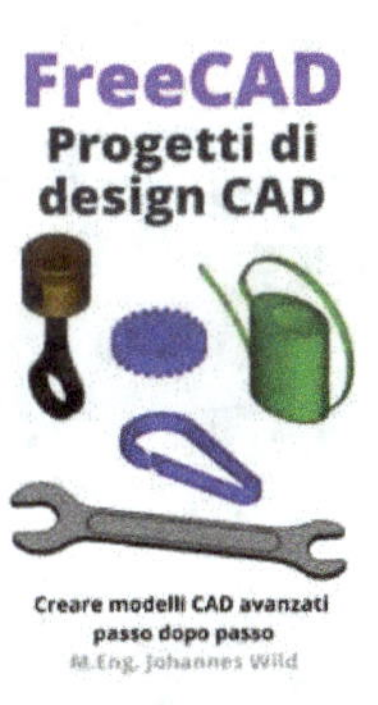

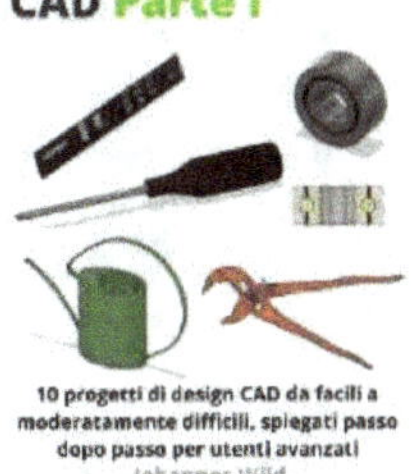

Elettrotecnica:

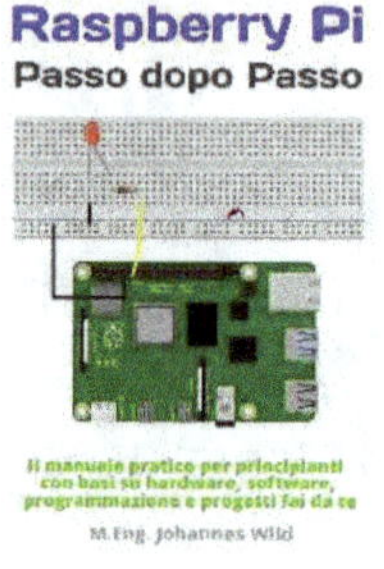

Programmazione e altri software:

Ci sono anche video corsi identici per alcuni di questi libri:

Fusion 360 Passo dopo Passo | CAD,FEM e CAM per principianti
La guida pratica per AUTODESK FUSION 360! Impara la progettazione, la simulazione, la produzione e altro da un ingegnere
M.Eng. Johannes Wild
4.6 ★★★★⯪ (31)
3.5 total hours • 24 lectures • Beginner
Bestseller

Stampa 3D | Una guida passo dopo passo
La guida pratica per principianti e utenti! Un corso per tutti, creato da un ingegnere!
M.Eng. Johannes Wild
4.0 ★★★★☆ (28)
1.5 total hours • 20 lectures • All Levels

Progettazione CAD per principianti | Impara da un ingegnere
La guida practica alla creazione di oggetti e modelli 3D con software di progettazione CAD gratuito per stampa 3D, ecc.
M.Eng. Johannes Wild
4.2 ★★★★☆ (6)
1.5 total hours • 15 lectures • All Levels

INVENTOR Passo dopo Passo | CAD & FEM per principianti
La guida pratica per AUTODESK INVENTOR! Impara la progettazione CAD, la simulazione FEM e altro da un ingegnere
M.Eng. Johannes Wild
4.2 ★★★★☆ (7)
3.5 total hours • 20 lectures • Beginner

...

Per l'acquisto puoi scegliere tra la piattaforma di apprendimento "Udemy":

Cerca il mio nome su www.udemy.com:

M.Eng. Johannes Wild o usa il seguente link:

www.udemy.com/courses/search/?src=ukw&q=m.eng.+johannes+wild

Iscriviti oggi e approfondisci le tue conoscenze!

Impronta dell'autore/editore

© 2023

Johannes Wild
c/o RA Matutis
Berliner Straße 57
14467 Potsdam
Germany

E-mail: 3dtech@gmx.de

Questo lavoro è protetto da copyright

www.ingramcontent.com/pod-product-compliance
Lightning Source LLC
LaVergne TN
LVHW010456200726
843506LV00002B/124